崔祥民　周慧　著

科技绿色创业企业成长研究

RESEARCH ON THE GROWTH OF GREEN VENTURE
ENTERPRISES OF SCIENCE AND TECHNOLOGY

江苏大学出版社
JIANGSU UNIVERSITY PRESS

镇 江

图书在版编目(CIP)数据

科技绿色创业企业成长研究 / 崔祥民,周慧著. —
镇江 :江苏大学出版社,2016.11
ISBN 978-7-5684-0344-3

Ⅰ.①科⋯ Ⅱ.①崔⋯ ②周⋯ Ⅲ.①企业管理—研
究 Ⅳ.①F272

中国版本图书馆 CIP 数据核字(2016)第 272097 号

科技绿色创业企业成长研究
Keji Lüse Chuangye Qiye Chengzhang Yanjiu

著　　者/崔祥民　周　慧
责任编辑/吴蒙蒙
出版发行/江苏大学出版社
地　　址/江苏省镇江市梦溪园巷 30 号(邮编:212003)
电　　话/0511-84446464(传真)
网　　址/http://press.ujs.edu.cn
排　　版/镇江文苑制版印刷有限责任公司
印　　刷/虎彩印艺股份有限公司
开　　本/890 mm×1 240 mm　1/32
印　　张/6.75
字　　数/206 千字
版　　次/2016 年 11 月第 1 版　2016 年 11 月第 1 次印刷
书　　号/ISBN 978-7-5684-0344-3
定　　价/36.00 元

如有印装质量问题请与本社营销部联系(电话:0511-84440882)

前　言

中国经济遇到了环境恶化与经济下行的双重压力，要化解经济发展和环境保护的矛盾，践行十八届五中全会提出的"绿色发展"理念，实现习总书记提出的"经济要环保，环保要经济"的新型经济发展目标，就必须从环境问题中寻求商机，通过绿色创业的方式向社会提供绿色产品，绿色创业浪潮正在来临。绿色创业是在生态导向和市场导向的双重作用下采取的创业行为，不同于传统创业行为单纯追求经济效益目标，绿色创业扮演着生态建设、经济发展的双重角色，需要以科学技术解决环境问题，在科技绿色创业意向的形成、科技绿色创业资源获取、科技绿色创业行为等方面都有不同于一般创业的问题和特征。科技绿色创业虽然具有绿色市场的商机等有利因素，但毕竟还是新兴事物，还将遇到绿色技术不成熟、消费者绿色消费意愿不强等诸多困难，如何在政府扶持下保持可持续发展成为科技绿色创业研究重要主题。

本书在相关文献阅读和创业实践观察思考的基础上进行理论提炼和问题归纳，提出研究的主题为"科技绿色创业企业成长研究"。以这一研究主题为核心，以认知理论为基础，围绕着科技绿色创业意向、科技绿色创业资源获取、科技绿色创业行为、科技绿色创业发展、科技绿色创业政府扶持等问题，沿着实证研究的路径，提出本书的核心构念，开发测量量表，建立相关理论模型和基本假设，通过实地调研与数据处理，检验假设，得出结论，丰富发展科技绿色创业理论，提出有利于科技绿色创业企业发展的策略和方法，为科技绿色创业企业发展提供方法论指导。

本书的内容主要包括：

（1）创业意向研究：群际接触、角色认同对创业意向形成的影响机制；生态价值观、政策感知对绿色创业意向形成的影响机制，以及创业意向向创业行为转化机制等内容。

（2）创业资源获取研究：环境价值观契合、组织声誉对人才吸引的影响机制；产业集群内创业者社会资本、信任对创业融资的影响机制；知识产权质押融资以及创业资源评价机制。

（3）创业行为研究：基于信号博弈的企业绿色行为，绿色创业与绿色创业行为，不确定性环境下绿色创业决策问题以及科技成果转化与科技创业演化博弈等。

（4）创业企业发展研究：政府、创业者和消费者绿色创业三方博弈；基于系统动力学的创业孵化器可持续发展以及创新创业人才发展。

（5）创业扶持研究：绿色创业政府扶持体系；基于演化博弈的新生创业者政府扶持；基于就业视角的中小企业政府扶持体系等。

本书的创新之处主要包括：

（1）以理性和道德的双重视角构建绿色创业意向形成机理模型，为绿色创业意向研究提供新视角。不同于以往个体理性创业者假设，本书根据绿色创业的利他主义特征，将规范激活理论引入创业意向形成机理模型，以理性与道德双重视角探索理性判断、道德判断因素在绿色创业意向形成中的作用，为绿色创业意向形成研究提供新思路和新视角。

（2）本书突破从个体微观层面探讨创业意向形成的传统，创新性地将群际接触理论引入创业领域，围绕"群际接触、角色认同如何影响大学生创业意向"这一基本问题，在回顾和梳理相关文献基础上，提出了以角色认同为中介的群际接触对大学生创业意向影响概念模型。

（3）从利益相关者这一新的视角拓展绿色创业导向对新创企

业绩效影响机制研究。以往的研究倾向于以创业者个体角度界定企业,但这种界定逐渐受到质疑和挑战(蔡莉等,2011),绿色创业企业不能把眼光局限在某些社会领域,而是应该从整个市场和社会领域去配置资源、创造价值(Schaltegger,Wagner,2011)。以员工、消费者、政府等利益相关者的视角,探讨绿色创业导向对绿色新创企业绩效影响机制,是对现有创业管理理论的拓展。

本书既可为科技绿色创业理论研究者、科技绿色创业者、有关政府部门提供理论参考,也可作为广大大学生的重要课外读本之一。书中揭示的科技绿色创业规律可指导绿色创业者进行正确的绿色创业决策,提供的科技绿色政府扶持方法可指导政府提高扶持政策的效能。

本书由崔祥民、周慧著,南京大学杨东涛教授、江苏大学梅强教授、中船重工724研究所江南副所长、江苏科技大学刘彩生副研究员、苏州大学魏臻指导并参与了本书部分内容的编写。本书在编写和出版过程中得到了江苏大学出版社李锦飞社长,江苏科技大学公共管理学院姚允柱院长的大力支持,在此表示衷心的感谢。

目　录

第**1**章 绪 论

1.1 研究意义

中国经济遇到了环境恶化与经济下行的双重压力,要化解经济发展和环境保护的矛盾,践行十八届五中全会提出的"绿色发展"理念,实现习总书记提出的"经济要环保,环保要经济"的新型经济发展目标,就必须从环境问题中寻求商机,通过绿色创业的方式向社会提供绿色产品。绿色创业不同于传统创业,需要以科学技术解决环境问题,需要一批知识含量高、创新意识强、年轻且富有活力的科技绿色创业队伍。而采取绿色创业行为的关键前提是要有强烈的创业意向,意向一度被心理学认为是行为的最佳预测变量(Armitage,Conner,2001)。Krueger(2000)提出,创业意向是创业行为唯一、最好的预测变量,要促进大学生绿色创业,核心切入点就是了解他们的绿色创业意向并鼓励他们形成绿色创业抱负。

在追求经济可持续发展的背景下,"绿色创业"成为研究的新焦点,虽然学者们从不同角度出发,使用了生态创业(Schaltegger,2002)、绿色创业(Nelson,Sumesh,2009;李华晶,张玉利,2011)、可持续创业(Dean,McMullen,2007;Cohen,2007)等不同术语进行描述,但基本都认为绿色创业是生态导向和市场导向的双重作用下,通过提供清洁技术、环保产品或环境解决方案对改善环境具有贡献的创业行为。现有研究虽然取得了一定的进展,但是没有解决以下问题:① 具有利他主义特征的绿色创业意向是如何形成的? ② 绿色创业为何"说得多,做得少"? ③ 绿色创业与绿色消费具有什么关系? ④ 如何构建绿色创业企业政府扶持体系? 本研究将针对以上问题,以科技绿色创业企业为研究对象,研究绿色创业意向、绿色创业行为、绿色创业扶持等内容,以推进绿色创业的理论研究,指导绿色创业实践活动。

1.2 国内外研究综述

1.2.1 国外研究综述

国外学者十分关注科技绿色创业企业研究,Roberts(1968),Roberts & Wainer(1966),Cooper(1972,1973)等学者研究了大量从高校和研究机构衍生出来的科技创业公司,这些研究主要关注科技创业者特征、公司特征、科技公司与其孵化组织之间的关系,以及科技公司与非科技公司之间可能存在的差异。

国外绿色创业研究大致包括绿色创业的贡献、绿色创业的内涵、绿色创业过程。

(1)绿色创业对经济社会的贡献

绿色创业不仅能够降低环境退化(Koe,Majid,2014),对环境有显著的改善作用(Shepherd,Patzeltl,2011),而且能够从环境问题中发现机会,发现利润的潜力(Schaltegger,Wagner,2011),实现生态与经济可持续发展。

(2)绿色创业内涵

关于绿色创业内涵的主要观点有:

① 机会观。绿色创业是识别、评价和利用市场失灵状态下出现的与环境密切相关的商业机会的过程(Dean,McMullen,

2007）。② 资源观。绿色创业把绿色资源作为绿色企业开拓市场的核心竞争力（Nelson，Sumesh，2009）。③ 创新观。绿色创业通过提供清洁技术和环保产品（York，Venkataraman，2010），以更加行动领先和创新的解决方案（Parrish，2010）的方式开展绿色实践活动。

（3）绿色创业过程

创业是一个过程化概念，创业者的行动理由和行动方式是亟待研究的命题（Shane，2000）。

关于绿色创业者的行动理由（创业意向）研究成果主要有：① 拉动观。环境问题中蕴含的绿色创业机会（Dean，McMullen，2007；Agarwal，2011）和生态价值观的逐渐形成（York，Venkataraman，2010；Linnanen，2011；Mcewen，2012）激励企业主动的绿色化，对绿色创业企业形成有拉动效应。② 推动观。对污染企业惩罚日益严厉和对绿色企业消费扶持力度日益强大（Marquis，Glynn，Davis，2007），强迫创业者采用绿色化的技术，提供绿色化的产品。

关于绿色创业行动方式研究成果主要有机会发现观和机会创造观。机会发现观认为绿色创业是识别、评价和利用市场失灵状态下出现的与环境密切相关的商业机会的过程（Dean，McMullen，2007）；机会创造观认为绿色创业在本质具备"创新和创建绿色组织的倾向"（Nelson，2009），是以创造新的、更环保且可持续的产品和服务或技术和业务流程革命提高资源配置的有效性（Lenox，York，2011）。

1.2.2　国内研究现状

国内绿色创业研究起步较晚但发展较快，在系统梳理国外绿色创业研究成果（高嘉勇，何勇，2011；沈超红等，2015；郝志鹏等，2015）

的基础上,指出了中国绿色创业的问题(揭显亮,2011),提出了绿色创业研究框架(李华晶,2012;),梳理了绿色创业机会识别、发现与开发过程(李雪玲等,2015),发现了绿色创业的驱动机理(李华晶,2013),对绿色创业导向(王秀峰等,2015;李华晶,2015;李先江,2013)、环境伦理(李华晶,2014)、绿色消费、生态价值观、政府扶持与绿色创业关系进行了系统的论述,提出了绿色创业企业发展的对策(孙砚祥,2010;谢建召,2014)。

国内绿色创业研究呈现出以下特点:

① 利用国外绿色创业理论探讨中国具体产业情景的绿色创业问题,新能源(李凯,2011;倪嘉成,2015)、服务业(李先江,2013)、电动汽车(李华晶,2013)、高新技术企业(王秀峰等,2015)等绿色创业问题先后进入学者视野。

② 以创业管理经典理论为基础,结合绿色创业特征,构建绿色创业研究框架。例如,李华晶(2012)以 Timmons 创业三要素模型为基础,结合三重底线理论,构建了绿色创业研究框架;沈超红等(2015)以创业机会理论为基础,从经济学和制度学视角构建了绿色创业机会研究框架。

综上所述,绿色创业作为一个全新的领域越来越受到研究者的重视。国外研究更侧重于基于机会认知的创业过程研究,分析绿色创业过程的特殊性和内在规律(Patzelt,2011;Burg,2012),国内研究则以实用主义的视角更侧重于中国具体产业情境绿色创业问题研究。

传统创业意向理论为绿色创业意向研究奠定了一定的理论基础,但在解释绿色创业意向形成方面还存在一定的局限性。绿色创业的动机既包含对环境问题中蕴含的创业机会的利用与开发(Dean,McMullen,2007;Agarwal,2011)、对环境污染行为日益严厉惩罚的逃避和绿色企业日益强大扶持力度的吸引(Marquis,Glynn,Davis,2007)等经济因素,还包括生态价值观等伦理因素（Linnanen，2011；Mcewen，2012），为承担社会生态责任，创业实践者通过提供清洁技术和环保产品的方式改善环境和实现经济价值（York，Venkataraman，2010），生态价值观等环境伦理因素是绿色创业意向形成的重要影响因素（李华晶，2014）。

　　无论是"个体心理特征"视角还是"个体微观环境"视角都是基于创业者是追求经济利益的主体这一假设展开的，创业是以追求经济价值为目的、利己为主的行为（刘振，杨俊，张玉利，2015）。而绿色创业是在生态导向和市场导向的双重作用下采取的创业行为，扮演着生态建设、经济发展的双重任务（高嘉勇，何勇，2011）。绿色创业不仅能够降低环境退化（Koe，Majid，2014），对环境有显著的改善作用（Shepherd，Patzeltl，2011），而且能够从环境问题中发现机会，发现利润的潜力（Schaltegger，Wagner，2011），实现生态与经济可持续发展。从个体理性层面出发的创业意向理论在解释具有利己与利他双重特征的绿色创业意向具有片面性，应在整合个体微观环境因素和个体心理特征因素的基础上，将社会心理学领域研究利他主义行为决策机理的经典理论框架——规范激活理论引入研究框架，以理性判断和道德判断的双重视角构建绿色创业意向形成机理模型。

　　无论是"拉动观"还是"推动观"都属于个体层面的研究，在这一个体层面的研究局限下，创业意向往往被认为是一种相对稳定的"个人特质"，从而在一定程度上否认了对个体行为干预和重塑的潜力（Chiue，2014）。根据社会网络嵌入的思想，人是生活在一定的社会关系网络中的，个人的认知、态度、行为均受到特定社会关系和网络结构的"塑造"，因此，除了个体层面因素外，对绿色创业意向形成机理的研究还需要考虑情感互惠、人际信任、群体规范等"人际互动"层面的因素。因此，需要将群体层面的人际互动因素与个体层面的认知心理因素结合起来，才能完整地解构绿色创业意向的形成机理。

国内外研究虽然发现了绿色创业行为的创新特征,但面对绿色创业的不确定性和多目标性时却是"说得多,做得少",由绿色创业意向到绿色创业行为转化的内在机理并不清楚。绿色创业行为的发生既可能是价值的理性判断,也可能是在特定情境下,环境和创业者某些认知偏好相互作用的结果(朱秀梅,2010),是某个"诱发性事件"引导个人从拥有创业意向发展为形成创业行为(Bergman,Stemberg,2007)。在绿色创业意向向绿色创业行为转化过程中除以理性为特征的熟虑系统外,可能还有启发式的冲动系统的作用。

国内外研究虽然注意到情境因素是绿色创业的重要影响因素(Sine,Lee,2009),但都基于单一产业情境,一个情境下的研究结论并不一定能适用于其他情境。因此,绿色创业理论模型应在多个产业情境下进行验证和比较,以对模型的普适性进行检验。

1.3 理论基础

1.3.1 规范激活理论

尽管政府采取财政支持、税收优惠等措施鼓励企业和员工的绿色行为,也以更加严厉的手段打击环境污染行为,但是以奖励与惩罚为特征的社会规范在处理环境问题方面有时也显得无能为力。解决环境问题需要激发公民内在的动力。Schwartz(1973)从个人规范理论的角度出发来研究人们乐于助人行为,强调个人预期的提升和个人道德责任感的激活,从而提出了规范激活理论[1]。该理论强调被激活的个人规范能够影响人的环保行为,而个人规范在两种情况下能够被激活:一是个人需要意识到没有执行亲社会行为会给他人造成不良的后果;二是个人需要感到自己对这些不良后果负有责任。规范激活理论提出后被广泛应用到环境保护领域,并不断得到发展与深化。Stern(1999)结合价值观理论和新生态范式理论,提出了 VBN 理论,该理论将"个人规范"进一步细化为"亲环境个人规范",并证实了亲环境个人规范与环保行动之间的密切关系[2]。

绿色创业是在生态导向和市场导向的双重作用下采取的创业行为,担负着生态建设、经济发展的双重任务(高嘉勇,何勇,2011),具有明显的利他主义特征。从个体理性层面出发的创业意向理论在解释具有利他主义特征的绿色创业意向具有片面性,应在整合个体微观环境因素和个体心理特征因素的基础上,将社会心理学领域研究利他主义行为决策机理的经典理论框架——规范激活理论引入研究框架,以理性判断和道德判断的双重视角构建绿色创业意向形成机理模型。

1.3.2 利益相关者理论

"利益相关者"由弗里曼最早提出,他在 1984 年出版的《战略管理:利益相关者管理的分析方法》一书中从利益相关者的视角论述了企业战略管理。利益相关者理论将企业发展目标从单纯追求股东至上向追求股东、供应商、客户、员工以及政府部门、本地居民等利益相关者协调为目标。企业的发展离不开各利益相关者的投入或参与,企业追求的是利益相关者的整体利益,而不仅仅是某些主体的利益。

利益相关者影响力是衡量创业情境学习与新企业成长的核心指标(宋正刚,牛芳,张玉利,2013),能否有效治理不同利益相关者构成的创业网络是创业成功的关键(Smith,Lohrke,2008)。绿色创业企业由单一经济利益主体转变为受经济、社会、环境效益驱动的社会经济生态主体,这种转变使绿色创业企业的生存与发展越来越受消费者、政府、员工等利益相关者的关注。

只有消费者购买绿色产品或服务,才能实现绿色产品或服务的价值。消费者对于绿色创业企业的影响集中体现为客户资本。绿色创业能够满足公众的环保要求和公众对环保产品的偏好(Horbach J. ,2008),绿色创业能够满足顾客需求,从而获取市场竞争地位(Rennings,1998)。乔尔·麦科沃(2012)指出:有许多员工和新人都愿意为绿色企业工作,企业展现出绿色议题的领导地位,就可以降低人才流动的成本,以及招聘和留住人才的相关成本。Chen(2008)将员工在环境管理上的知识、技术、能力、经验、态度、智力、创造力和承诺等视为绿色人力资本。由于绿色创业具有改善环境、增加就业、推动经济增长、增加政府税收等外部性,各国政府纷纷采取创业资金支持、提供融资便利、改善创业环境等措施鼓励人们开展绿色创业活动。绿色创业企业可从政府获取一定的经济资本支持。利益相关者与绿色创业企业存在多重互动并对绿色新创企业绩效具有显著影响。问题在于,利益相关者与绿色创业企业如何互动,并如何影响新创企业绩效。

1.3.3 双加工理论

神经科学的证据已经表明人类的认知存在两种独立的系统(Lieberman,2007),一种是精细的、熟虑的、理性的熟虑系统,一种是启发的、直觉的、感性的冲动系统。心理学家以此为基础,提出了双加工理论。该理论认为双加工的两个系统并列进行,而不是相继被唤醒,并假设这两个系统同时被激活并且竞相控制一个行为反应。在熟虑系统中,行为是决策过程的结果,需要权衡和整合行为价值及可能带来的结果,以实现行为选择偏好。冲动系统通过扩散激活来激活行为图式,扩散激活也可能源于知觉输入或熟虑过程。

绿色创业行为的发生既有可能是价值的理性判断,也可能是在特定情境下,环境和创业者某些认知偏好相互作用的结果(朱秀梅,2010),是某个"诱发性事件"引导个人从拥有创业意向发展为形成创业行为(Bergman,Stemberg,2007)。在绿色创业意向向绿色创业行为转化过程中除理性为特征的熟虑系统外,可能还有启发式的冲动系统的作用。以双加工理论为基础,构建基于熟虑系统和冲动系统的绿色创业意向向绿色创业行为转化机理模型,探究"创业计划、创业自我效能等"熟虑性因素,"突发事件、认知评价、情感反应"等情感冲动性因素在绿色创业意向转化中的作用,发现绿色创业"说得多,做得少"的根本原因,为促进绿色创业意向向绿色创业行为转化提供方法和政策指导。

1.4 研究的技术路线和研究思路

1.4.1 技术路线

本研究的技术路线如图 1.1 所示。

```
                    ┌──────────────┐
                    │   研究背景    │
                    └──────┬───────┘
              ┌────────────┴────────────┐
              ▼                         ▼
      ┌──────────────┐         ┌──────────────┐
      │  提出研究问题  │         │  确定研究对象  │
      └──────────────┘         └──────────────┘
─────────────────────────────────────────────────────
                    ┌──────────────┐
                    │   理论基础    │
                    └──────┬───────┘
        ┌──────────────────┼──────────────────┐
        ▼                  ▼                  ▼
  ┌──────────┐      ┌────────────┐      ┌──────────┐
  │ 规范激活理论│      │利益相关者理论│      │ 双加工理论 │
  └────┬─────┘      └─────┬──────┘      └────┬─────┘
       ▼                  ▼                  ▼
┌────────────────┐ ┌──────────────┐ ┌──────────────┐
│   创业意向研究   │ │   资源获取    │ │  企业绿色行为  │  创
│ ┌────────────┐ │ │ ┌──────────┐ │ │ ┌──────────┐ │  业
│ │创业意向影响机制│ │ │ │ 人才获取 │ │ │ │绿色消费与创业│ │  行
│ └────────────┘ │ │ └──────────┘ │ │ └──────────┘ │  为
│ ┌────────────┐ │ │ ┌──────────┐ │ │ ┌──────────┐ │
│ │绿色创业意向影响机制│ │ │ 资金获取 │ │ │ │绿色创业决策│ │
│ └────────────┘ │ │ └──────────┘ │ │ └──────────┘ │
│ ┌────────────┐ │ │ ┌──────────┐ │ │ ┌──────────┐ │
│ │创业意向转化机制│ │ │ │ 资源评价 │ │ │ │科技创业行为│ │
│ └────────────┘ │ │ └──────────┘ │ │ └──────────┘ │
└────────────────┘ └──────────────┘ └──────────────┘
─────────────────────────────────────────────────────
        ┌──────────────────┬──────────────────┐
        ▼                  ▼
┌────────────────┐ ┌──────────────┐
│   创业企业发展   │ │   创业政府扶持  │
│ ┌────────────┐ │ │ ┌──────────┐ │
│ │走出绿色创业困境│ │ │绿色创业政府扶持│ │
│ └────────────┘ │ │ └──────────┘ │
│ ┌────────────┐ │ │ ┌──────────┐ │
│ │孵化器可持续发展│ │ │新生创业政府扶持│ │
│ └────────────┘ │ │ └──────────┘ │
│ ┌────────────┐ │ │ ┌──────────┐ │
│ │创新创业人才发展│ │ │就业视角政府扶持│ │
│ └────────────┘ │ │ └──────────┘ │
└────────────────┘ └──────────────┘
```

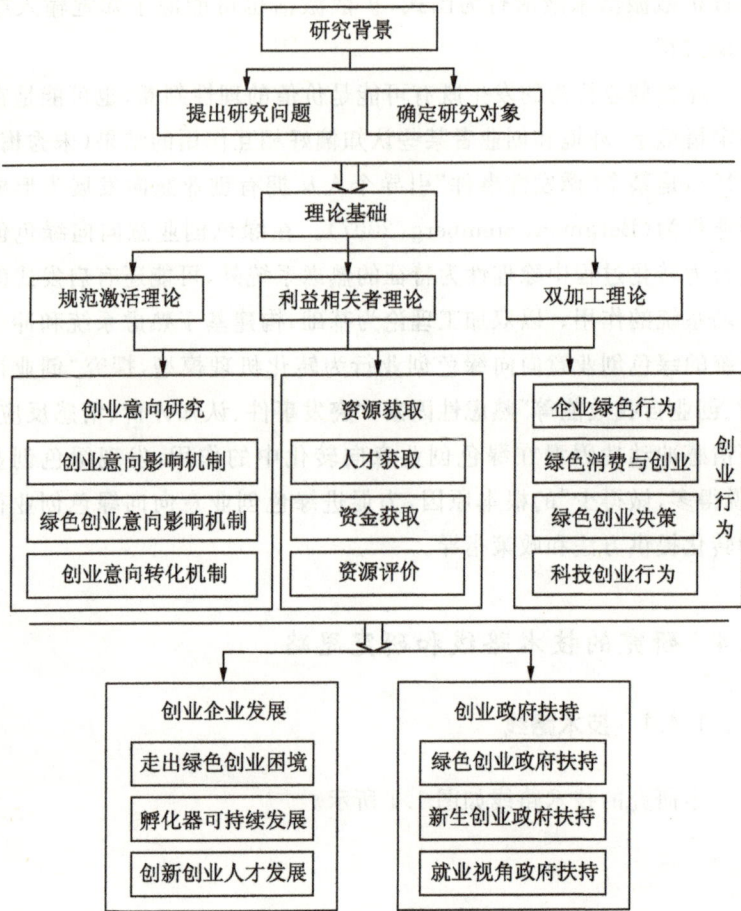

图 1.1 技术路线图

1.4.2 研究思路

在相关文献阅读和创业实践观察思考的基础上,进行理论提炼和问题归纳,提出研究的主题为"科技绿色创业企业成长研究"。以这一研究主题为核心,以认知理论为基础,围绕着科技绿色创业意向、科技绿色创业资源获取、科技绿色创业行为、科技绿色创业发展、科技绿色创业政府扶持等问题,沿着实证研究的路径,提出本研究的核心构念,开发测量量表,建立相关理论模型和基本假设,通过实地调研与数据处理,检验假设,得出结论,丰富发展科技绿色创业理论,提出有利于科技绿色创业企业发展的策略和方法,为科技绿色创业企业发展提供方法论指导。

1.5 研究的主要内容

1.5.1 科技绿色创业意向研究

（1）群际接触、角色认同与大学生创业意向关系研究

突破从个体微观层面探讨创业意向形成的传统,创新性地将群际接触理论引入创业领域,围绕"群际接触、角色认同如何影响大学生创业意向"这一基本问题,在回顾和梳理相关文献基础上,提出以角色认同为中介的群际接触对大学生创业意向影响概念模型。在问卷调查的基础上,进行回归统计分析以验证概念模型。研究结果表明:角色认同在群际接触数量对大学生创业意向的影响中起着完全中介的作用;角色认同在群际接触质量对大学生创业意向的影响中起着部分中介的作用;群际接触质量比接触数量对创业意向的影响略大。

（2）生态价值观、政策感知与绿色创业意向研究

以社会认知理论为基本范式构建生态价值观、政策感知与绿色创业意向关系的概念模型。向江苏省 MBA 学生群体发放问卷,并对数据进行回归统计分析以验证概念模型。研究结果表明:生态价值观、政策感知部分通过绿色创业效能的中介作用对绿色创业意向产生影响;政策感知比生态价值观对绿色创业意识的积极作用略大;绿色创业效能的三维度中,绿色创业风险感知对绿色创业意识

的积极作用最大。

（3）创业意向向创业行为转化机制研究

研究创业意向向创业行为的转化机制，对于解释"心动"多、"行动"少的创业现象，促进创业行动具有重要意义。本研究运用扎根理论的方法，考察了创业意向向创业行为转化的影响因素与作用机理。研究发现：第一，关键生活事件、情感体验是创业意向向创业行为转化的重要因素；第二，积极情感体验对于创业意向向创业行为的转化起到催化作用；第三，消极情感体验对于创业意向向创业行为的转化起到唤醒作用。

1.5.2 科技绿色创业资源获取研究

（1）环境价值观契合、组织声誉与人才吸引力关系研究

本研究旨在研究环境价值观契合对人才吸引的影响效果及影响机理。采用层次回归的方法分析环境价值观契合、组织声誉和人才吸引力之间关系，研究样本包括 246 名配对样本数据，结果表明环境价值观契合的三个维度对组织声誉具有潜在预测作用，环境价值观契合完全通过组织声誉对人才吸引力产生正向影响。

（2）产业集群内创业者社会资本、信任与创业融资

社会资本是信任的源泉，创业者在与资金供给方往复交往过程中建立个人信任。产业集群不仅优化创业者社会资本，而且使企业间信任机制由个人信任向制度信任转移。个人信任通过重复博弈使创业资金供需达成合作，制度信任通过增加欺诈成本迫使创业者履行承诺。政府应通过构建银企沟通平台、建立诚信档案、加强法规建设与支持行业协会发展、促进产业集群发展等措施，解决创业融资难问题。

（3）科技创业企业知识产权质押融资信号博弈研究

知识产权质押融资是科技创业企业重要融资方式，而知识产权

抵押融资的高风险性与银行贷款业务的安全性原则相违背,知识产权质押融资仍然摆脱不了"叫好不叫座"的尴尬境地。信息不对称性是知识产权融资风险的重要来源,科技创业者既可以如实告知银行知识产权价值,也可以提供高于实际价值的虚假信息。银行会根据科技创业者发出的信号采取提供贷款或不提供贷款的策略。通过构建信号博弈模型,研究科技创业者与银行的相关博弈行为,提出促进知识产权融资发展的建议,从而缓解科技创业企业融资困境,控制银行知识产权质押融资风险。

(4)基于创业投资视角的创业企业家资源禀赋模糊综合评价

创业企业家资源禀赋是影响创业企业绩效的重要因素,是创业投资决策的关键依据。基于创业投资视角的创业企业家资源禀赋评价指标体系可从心理资本、人力资本与社会资本三个方面进行构建。由于评价要素的模糊性,选择模糊综合评价法对创业企业家资源禀赋进行评价,将定性评价转为定量评价,为创业投资决策提供重要参考。

1.5.3　科技绿色创业行为研究

(1)基于信号博弈的企业绿色行为研究

随着绿色浪潮的兴起和发展,很多企业采取绿色产品战略,但这些企业有的真正实施绿色产品策略,而有的却采取"漂绿"行为策略代替真实绿色行为策略。由于绿色产品宣传需要成本,真实绿色行为策略企业既可以发出绿色产品的信号,也可以发出传统产品信号。由于绿色产品溢价效应,无绿色行为策略企业既可以发出绿色产品的虚假信号,也可以如实发出传统产品信号。消费者观察企业发出的信号决定自己采取购买或不购买策略。通过构建信号博弈模型,研究企业与消费者的相关博弈行为,提出消除漂绿行为的建议,从而促进绿色产品市场健康发展。

（2）绿色消费与绿色创业演化博弈研究

为研究绿色创业可持续发展的条件，借助演化博弈理论，构建消费者与创业者交互过程的演化模型，研究各种情景下交互系统均衡点的存在及其稳定性。研究发现，消费者绿色消费是绿色创业可持续发展的前提条件，绿色创业企业能否降低绿色产品或服务的价格是绿色创业企业可持续发展的关键。政府应提升消费者环保意识，在对绿色创业企业进行资金支持同时，应加大对绿色消费的补贴。

（3）不确定环境下绿色创业多目标决策研究

消费者绿色偏好、绿色技术价值及市场竞争程度的不确定性导致绿色创业决策不确定特征明显。不同于传统创业单纯的经济追求，绿色创业决策面临着经济和环境双重目标。针对绿色创业的不确定性、多目标特征，本文利用 Von Neumann-Morgenstern 效用定理，构建了绿色创业多目标决策模型，并给出计算步骤，为在不确定环境下绿色创业的多目标决策问题提供了实用的方法。

（4）科技型员工创业行为与企业科技成果利用行为演化博弈研究

为研究科技型员工创业行为与企业科技成果利用行为关系，借助演化博弈理论，构建了科技型员工与企业交互过程的演化模型，研究了各种情景下交互系统均衡点的存在及其稳定性。研究发现，科技型员工和企业行为要素会影响均衡点的个数及其稳定性，稳定的均衡点会在汇点、原点及鞍点之间变换，创业收益、工资、股权比例、合同违约金、竞业限制违约金等参数都会对系统演化产生影响。

1.5.4　科技绿色创业企业发展研究

（1）走出绿色创业的困境

绿色创业企业发展、生态环境的改善是个系统工程，需要绿色产品的供应方(绿色创业企业)、需求方(消费者)及监管方(政府)的相互协同,共同发挥作用才能获得良性发展。而三方作为独立的利益主体又有着各自的利益考量,需要建立创业企业、消费者与政府三方博弈模型,分析三方参与绿色活动的概率,探讨促进绿色创业良性发展的实现路径。

(2) 基于系统动力学的创业企业孵化器可持续发展研究

创业企业孵化器是一个利益主体,在为社会创造社会效益的同时也有经济效益的追求,社会效益和经济效益的不协调是影响创业企业孵化器的可持续性发展的主要因素。在深入分析孵化器可持续发展系统的构成要素及其各要素之间相互关系的基础上,建立孵化器可持续发展系统动力学模型,并通过 Vensim 软件对模型的运行进行仿真,仿真结果显示不同的收益策略、不同的扶持模式对孵化器收入、在孵企业数量、毕业企业数量具有不同的影响。租金及物业管理费可使孵化器获取短期收益,创业企业资本收益可使创业孵化器获取长期收益,创业孵化器应根据自身经济资本存量相机选择收益策略。服务型扶持策略可吸引创业企业入孵创业,成长型扶持策略可促进创业企业成长,创业孵化器应根据孵化器的发展阶段相机选择扶持策略。

(3) 创新创业人才发展研究

以镇江市为例,总结了镇江在"十二五"期间创新创业人才工作取得的成绩,指出了"十三五"期间镇江市创新创业人才工作目标和任务,提出了镇江市创新创业人才发展的基本理念和发展策略。

1.5.5 科技绿色创业政府扶持研究

(1) 绿色创业政府扶持体系研究

基于绿色创业理论,对光伏、节能照明、新能源汽车三行业的案例分析,发现只有遵循绿色创业规律的政府扶持才能真正促进绿色创业企业发展。技术创新是政府扶持绿色创业的首要任务，绿色创业与绿色消费的平衡发展是政府扶持的重要任务，"推拉结合"是绿色消费政府扶持的重要手段。要提升政府扶持的有效性，扶持的力度要适中，扶持的对象要审核。

（2）基于演化博弈的新生创业者政府扶持研究

为研究政府创业扶持对新生创业者创业行为的影响，借助演化博弈理论，构建政府与新生创业者交互过程的演化模型，研究各种情景下交互系统均衡点的存在及其稳定性，并用数值仿真展示不同初始条件对演化结果的影响。研究发现，政府和新生创业者行为要素会影响均衡点的个数及其稳定性，稳定的均衡点会在汇点、原点以及鞍点之间变换，选择初始策略比例、前期投资、政府财政扶持资金等参数都会对系统演化产生影响。

（3）基于就业视角的中小企业政府扶持体系

政府扶持中小企业能提供更多的就业岗位，是解决就业问题的重要途径。基于就业视角的中小企业政府扶持体系由创业扶持、中小企业保护扶持和中小企业成长扶持三部分构成。政府扶持体系的系统仿真结果显示，政府扶持体系是解决就业问题的有效措施。

1.6 研究方法

（1）文献综述法

广泛收集国内外有关科技创业、科技成果转化、知识产权、创业孵化器、创业扶持等相关研究成果，分析它们之间的内在关系与相互影响的机理，形成研究框架。

（2）演化博弈法

以演化博弈的方法分别对科技型员工创业行为与企业科技成果利用行为、新生创业者政府扶持行为进行研究。

（3）系统动力学

在深入分析孵化器可持续发展系统的构成要素及其各要素之间相互关系的基础上，建立孵化器可持续发展系统动力学模型。

（4）实证研究法

实证研究法的主要任务是对提出的理论模型进行验证，广泛联系绿色创业者，通过发放问卷的方式对绿色创业者进行大规模调研，获取需要的数据，之后将采取描述统计、多层线性模型、结构方程建模等方法进行统计分析，得出结论。

第**2**章 科技绿色创业意向研究

2.1 群际接触、角色认同与创业意向关系研究

2.1.1 研究背景

创业由于在稳增长、保就业、促转型方面的重要作用,受到党和政府的高度重视。2015 年 3 月以来,国务院先后发布《关于发展众创空间推进大众创新创业的指导意见》《关于进一步做好新形势下就业创业工作的意见》等 5 个文件,不断释放政策利好,一轮火热的创业浪潮正在来临。大学生有知识、有技术、创新意识强、年轻且富有活力,理应成为创业这场浪潮的主力军。而大学生采取创业行为的关键前提条件是要有强烈的创业意向。意向一度被心理学认为是行为的最佳预测变量(Armitage,Conner,2001)。Fishbein &Ajzen(1980)认为意向与行为具有很强的关系,意向最接近行为,是预测行为的重要指标;Krueger(2000)提出,创业意向针对有计划的行为(planned behavior),是创业行为唯一、最好的预测变量[3],要促进大学生创业,核心切入点就是了解他们的创业意向并鼓励他们形成创业抱负。大学生创业意向就成为一个十分值得研究的问题。

国内外学者分别从个体心理特征视角和个体微观环境视角开展创业意向形成机理研究。个体心理特征视角的研究成果主要有创业事件理论(Ajzen,1991;Krueger,2000;Liñán,2007)、计划行为

理论（Van Gelderen，2008；Wu，2008）和自我效能理论（Kickul，2008；Zhao，2005；Urban，2006）。个体微观环境的视角的研究逐渐从关注家庭背景（Carroll，Mosakowski，1987；Scott，Twomey，1988）、受教育背景（Le，1999；Kuip，Verheul，2003；范巍等，2004）、性别（Bonnett，1991；Mueller，2004）等个体背景因素向关注个体社会网络（Van Auken，Fry，Stephen，2006；蒋海燕，2013；吴晓波，2014）因素转变。本研究认为，大学生与创业者是两个完全不同的社会主体，大学生产生创业的想法，愿意由大学生转化为创业者，实现这种身份的转换需要一个前提，那就是对创业者角色产生高度认同。角色理论认为，角色认同是对多种行为的有效预测因素，不仅推动了特定行为（与特定角色认同相关），而且赋予了行为以意义和目的[4]。而这种不同社会主体之间的角色认同是以不同主体之间的接触为基础的。群际接触理论认为，接触能改变群体和个人对于其他群体和个人的态度及行为，同时这些改变也能影响进一步的接触[5]。

本研究突破从个体微观层面探讨创业意向形成的传统，创新性地将群际接触理论引入创业领域，从群体层面探讨大学生与创业者的互动接触对创业意向形成的影响机理，希望能够为大学生创业意向的提升提供操作性的指导和政策性的建议。

2.1.2　研究框架

群体是我们生存依托的载体，我们每天都会与自身所属群体或其他群体的成员发生各种各样的联系（佐斌，赵菊，2008）。这些成员之间在各种各样的相互联系中彼此增进了解、缓解焦虑、产生共情，群际接触促进了不同群体之间的信任关系，对其他群体产生更多的积极情绪，促使他们对其他群体的表现表现出积极的、支持性的行动。在"大众创业，万众创新"的背景下，大学生不再是生活在与世隔绝的象牙塔之中的"阳春白雪",而是通过创业教育、创业辅导、创业竞赛等多种方式与创业者发生着直接或间接的接触,通过接触对创业者群体有了更多的了解,与创业者群体成为朋友,形成友谊关系,逐步对创业者群体的关注点感同身受,从而不仅会消除大学生群体与创业者群体的偏见,而且还会改善对创业者群体的态度,对创业者群体逐渐产生羡慕、敬佩等积极情感,对创业者群体产生高度的角色认同。角色认同理论认为,角色认同是对某种特定角色的评价观点,是对某种特定角色的认定与理解[6]。个体对角色的认同感越强烈,其行为就越容易受角色的影响[7]。大学生对创业者群体的角色认同度越高,就越会调整自己的行为方式去模仿创业者行为,使其行为符合创业者群体的规范与准则,甚至还会给自己制定特定的目标。因此,角色认同对行为具有推动性,大学生对创业者的角色认同会促使创业意向的产生。

为明晰群际接触、角色认同对创业意向动态作用的机理,本研究以大学生为研究对象,设计框架模型(见图 2.1),研究大学生如何通过与创业者的群际接触对角色认同、创业意向产生影响。

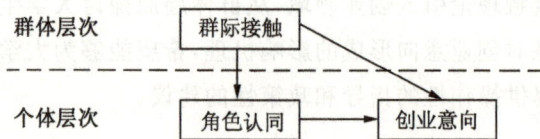

图 2.1　创业意向形成机制概念模型

2.1.3　研究假设

（1）群际接触与角色认同

在心理学领域,群际接触被认为是促进群际关系最有效的策略之一[8]。大学生在与创业者进行频繁接触中,获取了有关创业的大量而充分的信息,这些信息使大学生对创业的意识由抽象变得具体,由匮乏变得丰富,从而消除了对创业的种种误解,对创业者的工作生活与扮演的角色也就有了更多的认知。大学生对创业者角色的认知不仅与接触的数量有关,还与接触质量具有密切关系。大学生与创业者具有共同的话题或密切的联系,像跨群体友谊似的亲密接触,有助于提高大学生对创业者的观点采择能力,从而减少偏见(Pettigrew,Tropp,2008)。

频繁的接触不仅可以增加大学生对创业者群体的认知,还会增加大学生对创业者群体的情感。实证研究表明,与目标群体接触越多,越有可能显著地提高对该群体的喜爱程度(Lee,2001;Harmon-Jones,Allen,2001)[9,10]。群际接触理论正在由一个认知取向向一个情绪取向过程转变。认知取向认为,群际接触能够促进群体间的相互了解,而情绪取向则认为,群际接触减少了对外群体的一些负面情绪,增加了针对外群体的正面情绪。大学生在与创业者频繁而密切的交往中逐渐与创业者建立友谊,对创业者产生好感、尊重、羡慕等积极情绪。

基于以上分析,本研究提出以下假设:

假设 H1——大学生群际接触对创业者角色认同存在正相关关系。

假设 H1a——大学生群际接触数量对创业者角色认知存在正相关关系。

假设 H1b——大学生群际接触质量对创业者角色认知存在正相关关系。

假设 H1c——大学生群际接触数量对创业者角色情感存在正相关关系。

假设 H1d——大学生群际接触质量对创业者角色情感存在正相关关系。

(2)群际接触与创业意向

创业意向是个体的一种心理状态,是个体计划创建新企业的一种信念,是对未来目标行为的一种承诺,指导着并在未来的某时会自觉履行该计划。具有创业意向的个体,大多具备了基本的创业信息与资源,对于创办一个企业具有强烈的信心。大学生大多物质资本匮乏,仅有未经衡量的人力资本,为克服信息不确定性和不对称性的障碍,需要与创业者进行交流。大学生与创业者在交流过程中,不仅会获取大量的创业信息和创业必要的资源,还会从创业者那里得到指导性的建议,在创业机会识别、创业机会利用等方面获得创业者的指导,在与创业者接触中获取的这些经验、知识、资源会使大学生认为具备了创业的基本条件,增强创业的信心,从而创业意向得到强化。

社会认知理论认为,人们是通过观察他人来形成自己的态度、价值、情感倾向和行为方式的。大学生在与创业者交往过程中,了解创业者的成功经历,观察创业者创业过程中的艰辛与收获,观察创业者对社会的贡献与价值,从而对创业行为有了更深刻的体验与认识,激发内心创业激情。创业者的成功经历增强了大学生创业的信心,提升了创业意向。大学生与创业者在接触过程中,不仅可以进行观察性学习,还会获得情感性支持。在群际接触过程中,创业者会以自身经历现身说法,激发大学生创业热情,让大学生具有创业勇气,为大学生创业提供情感支持。Scherer 等(1989)研究表明,35%~70%的企业家由其创业成功的社会网络成员激发创业欲望[11]。

基于以上分析,本研究提出以下假设:

H2——群际接触对大学生创业意向具有正向相关关系。

H2a——群际接触数量对大学生创业意向具有正向相关关系。

H2b——群际接触质量对大学生创业意向具有正向相关关系。

(3)角色认同与创业意向

创业角色认同是角色认同理论在创业领域的具体应用。角色认同理论认为,角色认同是一种知觉,是对特定社会地位的一种角色认知、一种角色理解、一种期望。角色认同理论被应用到社会心理学领域，以帮助人们解释行为表现。例如，Lee，Pilia & Call (1999)通过观察角色认同和人们的助人行为，发现作为志愿者的角色认同是预测未来的志愿者行为的一个重要的因素[12]。Stryker (1992)认为认同显著性是对一个特别的角色承诺的结果，然后影响与该角色相联系的行为选择[13]。创业角色认同就是大学生对创业者角色的价值判断，大学生对创业者角色评价越高，参与创业的积极性越高，对创业角色认同度越高，自觉创业意向就越强烈。

孙瑞权(2010)认为角色认同有一个认知、感受和体验的过程，角色认知是角色认同的起点，经过角色的情感体验，逐渐实现行为层次的内化，角色认同可区分为角色认知和角色情感[14]。创业角色认知是大学生对创业者角色价值与作用的认知，当大学生感知到创业能够带来的价值符合个人的目标意愿，大学生对创业的合意性感知就会越强烈，也就会表现出较高的创业意向。Krueger 等 (2000)、Liñán 等(2007)在基于创业事件理论的研究中都证实了创业价值符合个人目标意愿程度即合意性与创业意向的正相关关系。创业行为是创业者理性和情感交互作用的结果，带有情感的认知是使创业意向发生阶段性变化的关键性环节，创业者思维受到情感的影响[15]。正如，Cardon(2009)所说的那样，撇开创业激情来谈创业是不现实的。大学生对创业者角色的羡慕、敬佩等情感，对于点燃大学生创业激情，激发创业意识具有重要作用。

基于以上分析，本研究提出以下假设：

H3——角色认同对大学生创业意向具有正向相关关系。

H3a——角色认知认同对大学生创业意向具有正向相关关系。

H3b——角色情感认同对大学生创业意向具有正向相关关系。

(4) 角色认同的中介作用

大学生群际接触对创业意向的影响机理是群际接触理论的具体应用。群际接触理论认为，群际接触作用于群际关系是一个因果链的探究过程。而这个因果关系不是直接起作用,而是通过某个中介变量产生间接关系,对群际接触作用机制的研究,事实上就是对链接两者的中介变量的探寻[16]。

大学生在与创业者的群际接触既会帮助大学生获取必要的创业信息和创业资源,又会帮助大学生获取创业者的精神支持,从而产生创业意向。在这个过程中,大学生与创业者的群际接触,形成了对创业者角色认知和角色情感,在理性认知和感性触动的作用下,产生创业意向。从因果逻辑关系上看,角色认同来源于群际接触,而又作用于创业意向。因此,群际接触对创业意向的影响很可能是通过角色认同这个变量来实现的。

基于以上分析,本研究提出以下假设:

假设 H4——角色认同在群际接触对创业意向影响中起到部分中介作用。

假设 H4a——角色认知在接触数量对创业意向影响中起到部分中介作用。

假设 H4b——角色认知在接触质量对创业意向影响中起到部分中介作用。

假设 H4c——角色情感在接触数量对创业意向影响中起到部分中介作用。

假设 H4d——角色情感在接触质量对创业意向影响中起到部分中介作用。

2.1.4 研究设计

1. 样本选取与数据收集

以 2015 年毕业生为调查对象,在全国范围内,从东部、中部、西部高校中分别选取 985 高校、211 高校、一般高校、民办高校本科生以及高职院校大专生进行调查。调查以问卷的方式进行。利用江苏科技大学学生的高中同学资源,在 2015 年 5 月至 8 月发放并回收问卷。调研共发放问卷 700 份,回收 610 份,回收率为 87.14%,其中有效问卷 528 份,有效问卷回收率为 75.43%。

回收样本的个人基本资料(如性别、年龄、毕业学校等)如下:女生比例为 45.1%,男生比例为 54.9%;大专生比例为 24.62%,三本学生比例为 25.76%,一般本科学生 32.58%,211 高校本科生比例 11.55%,985 高校毕业生比例 5.49%;20 岁以下学生比例 1.89%,20 岁学生比例为 25.9%,21 岁学生比例 27.8%,22 岁 37.88%,22 岁以上 6.53%。

2. 变量测量

(1) 群际接触

在 Tropp 与 Pettigrew 开发的群际接触量表[17]的基础上,修订测量量表,包含 4 个题项。例如,"是否经常面对面与创业者交际""是否认识创业者较多的创业者朋友""与创业者关系是否密切""与创业者有无共同话题"。

(2) 角色认同

在 Callero(1992)的角色认同显著性量表[18]、李云洁(2014)开发的工作角色认同量表[19]的基础上,修订测量量表,包含 5 个题项。例如,"您觉得创业者在心目当中地位如何""您认为创业者的受尊重的程度如何""您觉得创业者是令人羡慕的职业吗""您认为创业者对社会的作用如何""您认为创业者对自身价值实现意义如何"。

(3) 创业意向

在参照 Thompsen(2009)个体创业意向量表[20]的基础上进行修正。该量表包括"在将来主要开公司"等 3 个正向记分题和"从不寻求创业机会"等 3 个反向记分题。

2.1.5 数据结果与分析

1. 量表质量检验

群集互动量表的 2 个维度可解释总变异的 66.32%，接触数量和接触质量 2 个维度的信度系数 Cronbach's Alpha 值分别为 0.658 和 0.660。角色认同量表的 2 个维度可解释变异的 59.4%，角色认知和角色情感 2 个维度信度系数 Cronbach's Alpha 值分别为 0.653 和 0.613。创业意向量表探索性因子分析结果表明可解释变异的 56.51%，信度系数 Cronbach's Alpha 值为 0.813。

2. 主要变量的相关性分析

表 2.1 为样本相关系数矩阵，该矩阵显示：群际接触的 2 个维度与角色认同、创业意向呈现正相关关系，角色认知的 2 个维度与创业意向也呈现正相关关系。初步验证了假设的正确性。

表 2.1 样本相关系数矩阵

	年龄	性别	毕业学校	接触数量	接触质量	角色认知	角色情感	创业意向
年龄	1	.199**	−.056	.085	.015	.047	.107*	.065
性别	.199**	1	.005	.073	−.003	−.003	.076	.101*
毕业学校	−.056	.005	1	−.098*	.058	.020	−.030	.037
接触数量	.085	.073	−.098*	1	.098*	.460**	.569**	.190**
接触质量	.015	−.003	.058	.098*	1	.427**	.338**	.397**
角色认知	.047	−.003	.020	.460**	.427**	1	.348**	.485**
角色情感	.107*	.076	−.030	.569**	.338**	.348**	1	.415**
创业意向	.065	.101*	.037	.190**	.397**	.485**	.415**	1

＊＊相关性在 0.01 水平显著

＊ 相关性在 0.05 水平显著

3. 回归分析

（1）群际接触对角色认同回归分析

表 2.2 展示了群际接触的 2 个维度（接触数量和接触质量）对角色认同的 2 个维度角色认知和角色情感的影响。从模型的拟合情况可以看出，接触数量和接触质量对（角色认知和角色情感）回归系数均呈现显著状态，假设 H1 的各项假设均通过验证。从回归系数可以看出，在对角色认知的影响中，接触数量的作用比接触质量更大一些；在对角色情感的影响中，接触质量的作用比角色数量更大一些。

表 2.2　群际接触与角色认同回归分析

变量	角色认同	角色认知	角色情感	角色情感
模型	一	二	三	四
常量	2.388**	.350	1.815**	−.465
年龄	.032	.009	.063	.035
性别	−.021	−.056	.095*	.045
学校	.018	.031	−.020	.007
接触数量		.457**		.601**
接触质量		.320**		.251**
模型 F	0.506	59.201	2.710	72.102
模型 sig	.678	.000	.044	.000
R Square	.003	.362	.015	.409
调整 R Square	−.003	.356	.010	.403

** 相关性在 0.01 水平显著

* 相关性在 0.05 水平显著

（2）群际接触、角色认同对创业意向回归分析

表 2.3 展示了控制变量、群际接触、角色认同对创业意向的作用。

表2.3　群际接触、角色认同与创业意向回归分析

变量	创业意向				
模型	一	二	三	四	五
常量	2.723**	1.616**	1.783**	1.673**	1.897
年龄	.025	.002	.016	.013	.007
性别	.113*	.099*	.105*	.123**	.094*
学校	.024	.022	.018	.008	.017
接触数量			.123**	−.020	−.025
接触质量			.252**	.152**	.190**
角色认知		.307**		.313**	
角色情感		.206*			.246**
模型 F	2.461	47.416	24.627	35.705	29.674
模型 sig	.062	.000	.000	.000	.000
R Square	.014	.312	.191	.291	.255
调整 R Square	.008	.306	.183	.283	.246

＊＊相关性在0.01水平显著

＊相关性在0.05水平显著

模型一显示,性别对创业意向具有一定影响,因"0"代表女性, "1"代表男性,故男生比女生更具有创业意向。

模型二显示,角色认知和角色情感对创业意向均具有显著正影响,假设H3的各项假设均通过检验。从回归系数可以看出,角色认知对创业意向的影响要略微大于角色情感对创业意向的影响。

模型三显示,接触数量和接触质量对创业意向均具有显著正影响,假设H2的各项假设均通过检验。从回归系数可以看出,接触质量对创业意向的影响要大于接触数量对创业意向的影响。

将模型四、模型五与模型三比较后显示,加入中介变量后,调整

R Square 从 0.183 分别调整为 0.283,0.246,说明模型的解释力增强。同时,接触数量和接触质量的回归系数减少,其中接触数量变得不再显著。这说明,角色认知在接触数量对创业意向的影响中起到完全中介效应;角色认知在接触质量对创业意向的影响中起到部分中介效应。因此,假设 H4 的大部分角色通过了验证,但 H4a, H4c 需要修正为角色认知和角色情感在接触数量对创业意向的影响中起到完全中介效应。

从以上实证分析,可以得出经过修正的群际接触、角色认同对创业意向影响机理,如图 2.2 所示。

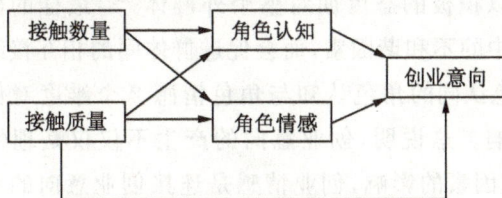

图 2.2　修正的创业意向形成机理图

2.1.6　研究结论与启示

1. 研究结论

本研究提出并验证了群际接触、角色认同与创业意向之间关系,接触质量部分通过角色认同的中介作用对创业意向产生影响,而接触数量则是完全通过角色认知对创业意向产生影响。

(1) 接触数量与创业意向呈现正相关关系。根据群际接触理论,群际接触的不充分将导致大学生对创业者错误认知的形成和负面情绪的产生,大学生群体中存在的有关创业者的道听途说错误信息大多是由于群际接触不充分造成的。通过群际接触,大学生获取大量信息,这些信息将减少与创业者交往的不确定性,还会减少大学生与创业者交往的不适应性,使大学生能够以更自然的方式进行交流。这会使大学生有机会审视创业者,为消除创业者刻板印象创造条件(Kawakami,Dovidio,Moll,et al,2000)[21]。

(2) 接触质量对创业意向的影响比接触数量还要大,不仅如此,接触质量除了与接触数量一样,通过角色认同对创业意向产生间接影响外,还直接对创业意向产生影响。群际接触理论十分重视接触质量,早在 Allport(1954)提出的群际接触假设就提出了群际接触最优必须符合平等的地位、共同的目标、群际合作、权威法律支持等条件。大学生与创业者的交流如果具备这些条件,交流的成效将大大提高。正如 Dovidio(2003)所说,最佳的群际互动将能使群际接触双方以积极的态度面对整个外群体[22],最佳的群际互动将会减少交流中的不和谐因素,而会促进群体间的相互接纳。

(3) 角色认同的角色认知与角色情感 2 个维度对创业意向具有显著正影响。这说明,创业意向的产生不仅仅是理性认知的过程,还受情感因素的影响,创业情感是连接创业意向的不同阶段的关键环节[23]。社会心理学者 Westbrook 与 Oliver(1991)认为人的行为改变存在着"知""情""行"3 个阶段[24],认知是情感的前因变量,情感是促进行为改变的关键变量,不同类型的情感会对人的行为产生不同影响。健康的激情能激发创业者的创业冲动,调动创业者的巨大潜能,使创业者产生创业的精神动力[25]。

(4) 角色认同的角色认知与角色情感 2 个维度在群际接触对创业意向的影响中发挥着重要中介作用。群际接触理论认为,群际接触作用于群际关系是一个因果链探寻过程,Pettigrew(1998)将群际接触的作用机制总结为:增进了解、缓解焦虑与产生共情 3 个方面。也就是说,人是一种社会存在,在与周围的人互动交流中,对周围的人有了更多的理性认知和情感认同。这些理性认知与情感认同又会对人的认知方式和人的行为产生影响。

2. 研究启示

(1) 在大学创业教育中,应采取"引进来、走出去"的方式创造更多的机会让大学生与创业者进行接触，提升群际接触数量。所谓"引进来"，就是让一些创业成功者走进校园、走上课堂，介绍创业经历、创业经验，让大学生有机会与创业者进行面对面的交流。所谓"走出去"，就是要利用假期社会实践的机会，让大学生走向企业，了解创业企业的运作过程，从创业者、企业员工、企业客户全面了解创业企业，让大学生对于创业具有更为具体的认识。

（2）努力打造群际接触最优条件，提升接触质量。平等的地位、共同的目标、群际合作、权威法律支持既是群际接触的最优条件，也是提升群际接触质量的重要途径。大学应充分利用校友资源，以校友这种相对平等的关系连接大学生与创业者。大学还可聘请创业者担任大学生创业项目辅导教师，鼓励创业者对大学生创业项目进行投资，让大学生与创业者具有合作的机会、共同的目标，让大学生与创业者有更深刻、更具体的交流。

（3）创业教育中，应注重创业典型的宣传，采取多种途径报道大学生创业的先进事迹，让学生树立以创业为荣的价值观，让学生充分认识到创业者的社会价值，创业的时代意义，营造浓厚的创业氛围。在这种创业氛围中，大学生就会对创业者群体产生羡慕、敬佩等良好印象，就会培养学生对创业的情感，进而使大学生萌生创业的想法。

2.2　生态价值观、政策感知与绿色创业意向关系研究

2.2.1　研究背景

伴随着经济的快速发展，资源消耗加剧、环境污染严重、生态系统退化等环境问题日趋突出，人类的生存环境面临巨大挑战。环境保护部副部长潘岳曾指出，我国有 1/4 的人口饮用不合格的水，1/3 的城市人口呼吸着严重污染的空气。日益严重的雾霾天气、屡禁不

止的废弃物排放使人们对污染性企业深恶痛绝。十八大报告提出"从源头上扭转生态环境恶化趋势,为人民创造良好生产生活环境"的任务。它不同于成熟企业的生态修补,而是着眼于生态机会创新性开发的绿色创业,彻底改变了"先污染,后治理"的经济发展逻辑,从根本上解决了经济发展与环境污染的矛盾,逐步受到学者和企业家的高度关注。

创业是一个有意识和有计划的行为(Bird,1998),绿色创业意识是绿色创业行为的起点。绿色创业虽然具有绿色市场的商机、鼓励型的政府扶持政策等有利因素,但毕竟还是新兴事物,还将遇到绿色技术不成熟、消费者绿色消费意愿不强等诸多困难。"什么因素促使创业者具有绿色创业的意愿"成为绿色创业领域的重要议题。

现有的研究多从人格特征、社会网络、创业教育、自我效能等因素分析创意意向的影响因素(Barbosa,2007;吴晓波等,2014;Souitaris,2007;Zhao,Seibert,2007)。绿色创业强调通过创业的方式实现生态目标,强调的是绿色参与倾向,是生态导向与市场导向双重作用下采取的创业行为(高嘉勇,何勇,2011)。并不是所有个体都有绿色创业倾向,只有具有生态价值观的人才会关爱环境,才会期望通过自身创业行为改善环境。生态价值观是绿色创业行为的原动力,它对创业行为具有定向和调节作用。生态价值观强的人就会关注环境的变化,注重收集环境信息,学习改善环境的技术,就会对绿色创业更有信心。创业管理将这种对创业活动的信心称为创业自我效能,创业自我效能作为一种深层次的信念因素,是影响创业意向的重要因素[26](丁明磊等,2009)。

然而,创业是一个获取信息整合资源的过程,个体因素的影响只是一部分。绿色创业具有改善环境、增加就业、推动经济增长、增加政府税收等外部性,各国政府纷纷采取创业资金支持、提供融资便利、改善创业环境等政策措施鼓励人们开展绿色创业活动。政府对绿色创业实践的鼓励,必将增强个体进行绿色创业的信心,提升其创业自我效能感进而产生绿色创业意向。

现有的研究虽然分别对个体因素、环境因素开展了对创业意向的影响研究,但将各个变量融入一体化的框架研究还比较缺乏。本研究以社会认知理论为基础,系统研究生态价值观、政策认知、绿色创业自我效能和创业意向之间的内在关系,探讨生态价值观影响绿色创业意识的内在机理,这对于丰富绿色创业理论,引导绿色创业实践具有重要意义。

2.2.2　理论模型与假设

Bandura 社会认知理论认为,人类动因在一个包含三元(环境、认知、行为)交互因果关系的相互依赖的结构中发挥作用,人的心理预期或信念——自我效能(self-efficacy)对行为起着主导作用。绿色创业是在生态导向和市场导向的双重作用下采取的创业行为,追求经济效益和环境效益是绿色创业的原始动机,也是绿色创业意向的重要影响因素。绿色创业兼顾着经济发展和环境改善的双重责任,通常是在政策鼓励或扶持的背景下产生的,绿色创业政策是吸引绿色创业者的重要因素。基于此,本研究综合考虑生态价值观、政策感知、绿色创业效能等因素,以检验对绿色创业意向的作用。

1. 生态价值观与绿色创业意向

价值观是判断什么是重要的能力,它告诉人们什么是好的、重要的、有用的或适合的[27](Ramayah et al,2010)。价值观是人内心的价值尺度,它不仅是人的行为和客观事物的评价标准,也是人的行为取向的重要支撑。生态价值观的概念来源于价值观,是对主体(人)和客体(自然)之间特定价值关系的概括和总结。生态价值观是人们对自然、环境、生态的反应和评价,是人们衡量人类处理与自然关系行为的一种判定标准,一种思维定式。生态价值观认为,人类要想永续发展,就必须充分认识自然的价值,善待自然,尊重自然,合理地开发、利用自然,与自然和谐共处,并维护和促进地球这个生命共同体的长久的稳定与繁荣[28]。具有生态价值观的人强烈反对人类中心主义观点,认为人类没有权利破坏环境以满足自身的需求,人和自然有着共同的利益和命运。他们尊重自然、爱护生态、保护环境,秉承人与自然协调和谐的发展观,他们既肯定人的物质文化生活需要,又强调主体能动性、创造性的发挥[29]。

生态价值观决定了人们思维方式的转变,具有生态价值观的人考虑人与自然的生态关系的互利互惠,考虑人与自然的共生共荣、和谐发展,这是一种生态化的或"绿色"的思维模式[30]。绿色创业是一种建立在环境创新基础上的具有主动创新性和市场导向性并由个体推动的价值创造形式或是出于绿色化目的创建环境友好型新企业[31](Schlategger,2002)。绿色创业不同于传统创业,绿色创业不仅仅追求经济价值,而且还试图通过绿色创业机会的开发和利用,创造更多的环境社会价值,以承担更多的社会生态责任。为实现社会生态责任,创业实践者通过提供清洁技术和环保产品[32](York,Venkataraman,2010),针对环境问题和社会问题提供更加行动领先和创新的解决方案(Parrish,2010)的方式开展绿色实践活动[33]。绿色创业者都有自己的生态价值观,为实现生态目标而选择了创业,并且主动地实施绿色创业。Schaltegger(2002)将促使创业者参与绿色创业的因素分为"拉动因素"和"推动因素",生态价值观是拉动因素的重要内容[34]。高嘉勇、何勇(2011)也认为绿色创业者都有生态价值观,为实现生态目标而选择了创业[35]。

由此,提出以下假设:

H1——生态价值观对绿色创业意向具有正向影响作用。

2. 生态价值观与绿色创业效能

创业的过程是对创业机会的识别、利用与开发的过程,而为什么有的人对创业机会视而不见,而有的人抓住了机会并将机会变成了现实？为回答这一问题,研究者将社会认知理论的核心概念自我效能引导到创业管理领域,并将"创业者对自身能够胜任不同创业角色和任务的信念"定义为创业自我效能[36](Chen,1998)。创业者与非创业者的区别主要体现为创业者具有较强的创业效能感。

　　生态价值观是指被个体或群体赋予了社会或者个人意义的关于生态方面的观念,这样的观念能使人在内心产生高兴之类的积极情感体验,且在实践中愿意付之以行。"规范-激活"理论认为,人们不遵守这些内化了的价值观行事,不仅会受到社会的惩罚,也会受到内心的惩罚(Schwartz,1992,1994)。Stern(1995)指出关心环境行为与个体的基本价值观相关,并且由个体核心价值取向所决定。具有生态价值观的人关心环境问题,关注环境变化趋势,注重收集环境相关信息。而环境信息是绿色创业的重要资源,绿色创业起始于对拥有信息的分析,发现尚未满足的需求,进而发现具有价值的绿色创业机会。Shane 的研究表明,个体的机遇发现与其拥有的信息相关(Shane,2000),他通过对这 8 位创业者的深度访谈,发现这 8 位创业者根据现有技术识别出的机会与其自身拥有的信息密切相关[37]。Kaish 和 Gilal(1991)通过实证检验发现[38],创业者比一般的经理人更加渴望信息,更倾向于在信息搜索上花更多的时间。丰富的环境信息使创业者有机会获取并识别具有价值的创业机会。

　　具有生态价值观的人不仅仅关注环境的变化,而且期望通过自己的努力解决或减轻环境问题。为解决环境问题,具有生态价值观的人更愿意学习绿色技术,更愿意投入更多的时间和精力研究改善环境的方法,更愿意吸引和集聚具有环境意识的人力资源,更关心政府关于绿色产业的资金扶持信息。具有生态价值观的创业者具有绿色创业需要的技术、人力、资金等资源优势,对开发绿色创业机会也更有信心。

　　生态价值观具有可以左右个人思想与行为的个体功能,具体表现在判断、选择、规范的作用上[39],具有生态价值观的创业者在决定是否进行创业时,不仅考虑绿色创业对个人带来的经济收益,更考虑绿色创业对社会带来的社会效益,即使创业失败,也会对自己改善环境做出的积极探索而欣慰,社会也会对其改善环境做出的积极探索做出积极评价。

由此,提出以下假设:

H2——生态价值观对绿色创业效能具有正向影响作用。

H2a——生态价值观对绿色创业机会识别效能具有显著的正向影响。

H2b——生态价值观对绿色创业机会开发效能具有显著的正向影响。

H2c——生态价值观对绿色创业风险容忍度具有显著的正向影响。

3. 政策感知与绿色创业意向

在创业研究中,良好的制度环境会对创业活动产生积极影响,是一个被学者普遍认可的命题[40]。在创业过程中,一些政府政策能有效减少业务失败的损失,创业主体感知到其明显的经济效益,因此更多的创业者愿意从事有风险的项目[41]。绿色创业具有降低能源消耗、减少废气排放、减轻环境污染等外部衍生效应,政府采取政府购买、提供资金支持等方式鼓励绿色创业实践活动,采取罚款等措施控制有损于环境保护的商业行为[42](崔祥民等,2014)。政府对绿色创业的正激励政策使绿色创业企业能够获取资金支持、税收优惠,这将吸引创业者产生绿色创业的想法。政府对有损于环境行为采取的负激励措施也将迫使个体放弃传统污染型创业的想法,转而倾向于绿色创业行为。因此,本研究做出以下假设:

H3——政策感知对绿色创业意向具有显著正向影响。

4. 政策感知与绿色创业自我效能

政府政策对创业行为具有导向性的作用,当个体感受到政府对环境破坏行为给予更严厉的惩罚时,个体会坚信绿色发展为未来的发展趋势,会对尚未成熟的绿色市场增强信心,也会对绿色创业机会的潜在价值予以更多的期望。当政府给予绿色创业行为更多资金支持和信贷支持时,个体不仅增强了绿色创业的信心,还增强了绿色创业机会的开发能力,以及绿色创业的风险承受能力。创业主体洞察力存在区别[43],加强对政府政策的感知有利于明确政策导向[44],减少创业限制和减低创业企业的机会成本[45]。因此,本研究做出以下假设:

H4——政策感知对绿色创业效能具有显著正向影响。

H4a——政策感知对绿色创业机会识别效能具有显著的正向影响。

H4b——政策感知对绿色创业机会开发效能具有显著的正向影响。

H4b——政策感知对绿色创业风险容忍度具有显著的正向影响。

5. 绿色创业自我效能对绿色创业意向的影响

个人特征预测创业意向没有取得良好效果的前提下,自我效能感被认为是导致创业意向的重要因素(Jung,2001;Sequeira,2007;范巍,王重鸣,2004)。具有高自我效能感的个体更会以积极的态度来评价创业机会,更有信心应对创业过程中出现的风险与不确定性。

自我效能感是一种动力结构,会在充满风险和不确定性的动态环境中表现得淋漓尽致,可用来预测很多目标导向型行为[46]。而绿色创业正是不确定环境下的多目标行为,绿色创业面临着消费者绿色偏好的不确定性、绿色技术价值的不确定性及市场竞争程度的不确定性等诸多不确定性因素,绿色创业的核心在于发现未来的市场机会,以创新性来开发绿色市场,同时还要承担企业的社会生态责任(Cohen,Winn,2007)[47],往往扮演着生态建设和创业的双重角色。

因此,本研究做出以下假设:

H5——绿色创业效能对绿色创业意识具有显著正向影响。

H5a——绿色创业机会识别效能对绿色创业意识具有显著的正向影响。

H5b——绿色创业机会开发效能对绿色创业意识具有显著的正向影响。

H5c——绿色创业风险容忍对绿色创业意识具有显著的正向影响。

6. 绿色创业自我效能的中介作用

价值观是个体创业意向的原动力,对创业意向的影响起到基础性的作用,对创业者意向的影响要通过一定的中介变量来实现。政策支持是一外部因素,需转化为内部因素后才会对创业者的意识产生影响。Zhao 和 Seibert (2005)从社会认知理论出发,首次探讨了自我效能在个体因素(创业学习、创业经历、冒险倾向、性别)和创业意向之间的中介效应[48]。吴晓波等(2014)构建了社会网络特征、自我效能感与创业意向关系的概念模型,并以实证的方法验证了自我效能感在社会网络特征与创业意向之间的中介作用[49]。

因此,本研究做出以下假设:

H6——绿色创业效能在生态价值观、政策感知对创业意识影响中起到中介作用。

H6a——绿色创业机会识别效能在生态价值观、政策感知对创业意识影响中起到中介作用。

H6b——绿色创业机会开发效能在生态价值观、政策感知对创业意识影响中起到中介作用。

H6c——绿色创业风险承受效能在生态价值观、政策感知对创业意识影响中起到中介作用。

2.2.3　研究方法

1. 测量工具

本研究涉及生态价值观、创业政策感知、创业自我效能和创意意向 4 个变量,采用李克特 5 点问卷进行测量,并对因变量创业意向可能产生影响的性别、工作经验 2 个变量进行控制。

(1) 生态价值观量表:生态价值观量表主要参照许黔宜(2008)编制的环境价值观量表[50],该量表包括利己价值观、利他价值观和生态价值观 3 个分量表。本研究主要使用其生态价值观分量表,该量表包括 4 个条目。

(2) 政策感知量表:参照 Acedo 和 Jones(2007)、彭华涛(2013)研究成果设计了创业政策感知量表,该量表由 3 个条目组成。

(3) 创业自我效能量表:创业自我效能量表主要参照 Chen 等(1998)、De Noble 等(1999)、丁明磊等(2009)、吴晓波等(2014)研究成果,包括创业机会识别效能感、创业机会开发效能感、创业风险容忍感 3 个维度共 12 个条目。

(4) 创意意向量表:创业意向量表主要参照了 Thompsen(2009)个体创业意向量表[51],该量表包括"在将来主要开公司"等 3 个正向记分题和"从不寻求创业机会"等 3 个反向记分题。主要参照此量表的原因首先是此量表是针对个体创业意向而设计的,与本研究对象一致,其次是先前研究显示此量表的具有较高的信度(0.89)和效度(0.84)。

2. 样本的选取

本文选取具有一定知识积累和一定经验积累的 MBA 学员为研究对象。在苏州大学、南京大学、江苏大学等江苏省具有 MBA 的 16 所高校中随机抽样。共发放问卷 400 份,回收 311 份,回收率为 77.75%。其中,有效问卷 229 份,有效问卷率为 73.63%。

2.2.4 实证分析

1. 量表质量检验

生态价值观量表探索性因子分析结果表明可解释变异的 53.95%,信度系数 Cronbach's Alpha 值为 0.713。政策认知量表探索性因子分析结果表明可解释变异的 59.4%,信度系数 Cronbach's Alpha 值为 0.653。绿色创业效能量表的 3 个维度可解释总变异的 56.53%,3 个维度的信度系数 Cronbach's Alpha 值分别为 0.711,0.746,0.689。绿色创业意向量表探索性因子分析结果表明可解释变异的 55.5%,信度系数 Cronbach's Alpha 值为 0.838。

2. 主要变量相关性分析

表 2.4 为样本相关系数矩阵,该矩阵显示:生态价值观与创业效能的 3 个维度和创业意向均呈现显著正相关关系。创业效能的 3 个维度与创业意向也呈现显著正相关关系。而政策感知虽然与创业机会开发效能、创业风险承受效能及创业意向呈现显著正相关关系,却与创业机会识别效能的相关性并不显著。

表 2.4 样本相关系数矩阵

		生态价值观	政策感知	创业意愿	机会开发效能	风险承受效能	机会识别效能
生态价值观	Pearson Correlation	1	.094	.438**	.437**	.584**	.193**
	Sig. (2-tailed)		.156	.000	.000	.000	.003
政策感知	Pearson Correlation	.094	1	.393**	.298**	.465**	.090
	Sig. (2-tailed)	.156		.000	.000	.000	.176

续表

		生态价值观	政策感知	创业意愿	机会开发效能	风险承受效能	机会识别效能
创业意愿	Pearson Correlation	.438**	.393**	1	.383**	.521**	.269**
	Sig. (2-tailed)	.000	.000		.000	.000	.000
机会开发效能	Pearson Correlation	.437**	.298**	.383**	1	.559**	.187**
	Sig. (2-tailed)	.000	.000	.000		.000	.005
风险承受效能	Pearson Correlation	.584**	.465**	.521**	.559**	1	.339**
	Sig. (2-tailed)	.000	.000	.000	.000		.000
机会识别效能	Pearson Correlation	.193**	.090	.269**	.187**	.339**	1
	Sig. (2-tailed)	.003	.176	.000	.005	.000	

** 相关性在 0.01 水平显著

3. 多元回归分析

表 2.5 展示了生态价值观、政策感知与创业效能各个维度的作用。从各个模型拟合情况可以看出,政策感知与创业机会识别回归系数不显著外,假设 H4a 并没有得到验证。而假设 H2a,H2b,H2c,H4b,H4c 均通过了检验。从回归系数可以看出,生态价值观对创业效能 3 个维度的回归系数均高于政策感知对创业效能 3 个维度的回归系数,这说明生态价值观对创业效能的影响比政策感知对创业效能的影响大。

表2.5　生态价值观、政策感知与创业效能回归分析表

变量	机会识别效能	机会开发效能	风险感知效能
模型	一	二	三
常量	2.269**	.396**	-1.576**
生态价值观	.184**	.386**	.614**
政策感知	.092	.311**	.595**
模型 F	4.996	39.106	117.965
模型 sig.	.008	.000	.008
R Square	.042	.257	.511
调整 R Square	.032	.251	.508

＊＊相关性在0.01水平显著

表2.6展示了生态价值观、政策感知、绿色创业自我效能对绿色创业意向的作用。

表2.6　生态价值观、政策感知、创业效能与创业意向回归分析表

模型	一	二	三	四	五
常量	0.988**	2.265**	.651**	.937**	1.291**
生态价值观	0.359**		.332**	.309**	.241**
政策感知	0.403**		.389**	.363**	.288**
机会识别效能		.094*	.149**		
机会开发效能		.127**		.128**	
风险承担效能		.323**			.192**
模型 F	52.357	31.082	39.151	36.990	39.623
模型 sig.	.000	.000	.000	.000	.000
R Square	.317	.293	.343	.330	.346
调整 R Square	.311	.284	.334	.321	.337

＊＊相关性在0.01水平显著

模型一显示,生态价值观、政策感知对绿色创业意向具有显著正影响,从而假设 H1,H3 得到验证。从回归系数的比较可以看出,

政策感知对创业意向的影响比生态价值观对创业意向影响要大。

模型二显示,创业自我效能的 3 个维度对绿色创业意向均具有显著正影响,从而假设 H5 得到验证。从回归系数的比较可以看出,风险承担效能对绿色创业意向的影响最大,其次为机会开发效能,最后为机会识别效能。

模型三、模型四、模型五与模型一进行对比发现,加入中介变量绿色创业机会识别效能、绿色创业机会开发效能、绿色创业风险承受后模型对应的调整 R Square 从 0.311 分别增加到 0.334,0.321,0.337,解释力增强,创业效能的三维度回归系数显著,说明存在中介效应。同时,生态价值观与政策感知两个解释变量的回归系数都相应减小,这说明生态价值观、政策感知与绿色创业意向之间的关系在加入中介变量后发生了变化,也说明生态价值观、政策感知对绿色创业意向的影响部分是通过创业效能来实现的,假设 H6a,H6b,H6c 得到验证。

2.2.5　研究结论与启示

本研究证实了生态价值观、政策感知对绿色创业意愿具有显著的正影响,而且这种影响部分是通过绿色创业效能的三维度来实现的。

（1）虽然生态价值观、政策感知都对绿色创业意向具有显著促进作用,但是生态价值观对绿色创业意向的促进作用并没有政策感知对绿色创业意向的促进作用大。这说明,虽然绿色创业要兼顾生态收益和经济收益,但在不同阶段,生态收益和经济收益对绿色创业意向的影响不同,在现阶段政策支持带来的经济收益对绿色创业的影响更大。政府在倡导生态价值观的同时,应加大绿色创业的政策支持力度,通过绿色创业扶持政策引导绿色创业行为。

（2）绿色创业效能感的 3 个维度在生态价值观、政策感知对绿色创业意向的影响中发挥着重要的中介作用。这不仅为理论研究者理清了生态价值观、政策感知对绿色创业意向的作用机理,更重要的是为实践者提供了提升绿色创业意向的路径,实践者可以通过采取有效措施提升创业者绿色创业效能,从而促进绿色创业意向的产生。

（3）政策感知对绿色创业机会识别效能没有显著影响,对绿色创业效能其他两维度的促进作用也没有生态价值观对绿色创业效能感的促进作用大。绿色创业效能是为实现绿色创业目标所需能力的信心或信念,与动机水平密切相关。而生态价值观属于深层次动机因素,凌驾于整个人性当中,支配着人们对绿色创业行为的看法,对绿色创业的影响属于内在因素。与生态价值观相比,创业政策对绿色创业效能的影响就没有生态价值观大。

（4）绿色创业效能的 3 个维度都对绿色创业意向具有显著促进作用,但作用不同,风险承担效能对绿色创业意向影响最大,机会开发效能影响次之,机会识别效能影响最小。这表明,绿色创业风险是影响绿色创业意向最重要的因素。政府不仅应倡导绿色创业,更重要的是要建立绿色创业风险防范机制,消除绿色创业者的顾虑,这对于促进绿色创业具有重要意义。

2.3　创业意向向创业行为转化机制研究

2.3.1　研究背景

创业由于在稳增长、保就业、促转型方面的重要作用受到党和国家的高度重视。2015 年 6 月 16 日国务院专门印发了《关于大力推进大众创业万众创新若干政策措施的意见》,意见要求通过创新体制机制、强化政府扶持、搞活金融市场等措施鼓励创业,使创业成为发展新引擎、增强发展新动力。在政府的鼓励下,众多国人已热血沸腾、摩拳擦掌,中国大地掀起了大众创业的新浪潮。然而,创业仅靠激情是无法实现的,在稳定的就业收益和高度不确性的创业风险面前很多人过早将创业意向扼杀在了摇篮里,使创业停留在了"心动"的层面。如何使创业由"心动"走向"行动",将创业的热情转化为实际的创业行动,这不仅是落实大众创业政策的关键,也是实现群众智慧价值的关键。

2.3.2　创业意向与创业行为关系理论述评

意向是人们对待或处理客观事物表现出的主观行为倾向,个人意向越强烈就越容易做出实际的行动。意向一度被心理学认为是行为的最佳预测变量(Armitage,Conner,2001),Fishbein & Ajzen(1980)也认为意向与行为具有很强的关系,意向最接近行为,是预测行为的重要指标。心理学的这一观点一度被创业管理学者所认同,Krueger(2000)提出,创业意向针对有计划的行为(planned behavior),是创业行为唯一、最好的预测变量[52]。段锦云、田晓明(2014)在研究农民工创业时指出,要促进农民工创业,核心切入点之一是了解农民工的创业意向并鼓励他们形成创业抱负[53]。

意向对行为的直接预测作用并没有得到学者的一致认同,一些学者发现了从意向到行为的鸿沟。Danter(2005)提出,尽管人们具有强烈的意愿,但也并不总是遵循他们的意愿行事[54]。Sheeran(2002)对意愿和行为之间关系的一项元分析显示,实际上意愿只能解释行为 28% 的变异[55]。在创业领域意向对行为的预测能力可能会更加拙劣。一项针对我国大学生的调查显示,有自主创业意愿的达到 84%,但真正进行创业实践的大学生却仅有 3%[56]。而这种现象却非中国所独有,一项针对新加坡大学生的调查也显示,有50.7% 的学生具有较强的创业意向,但只有 5.1% 的大学生有真正的创业实践行为[57]。Henley(2007)针对美国大学生的一项调查也显示,92.5% 的潜在创业者毕业 2 年后也没有开办自己的企业[58]。

Thompson(2009)也指出,创业意愿仅仅是潜在创业者计划创办新企业的信念,并且在未来的某一时间点会有意识地履行这些计划。这个未来的时间点是个未知数,可能是马上发生的,也可能是很久以后发生,甚至永远没有发生[59]。

近年来,一些学者开始意识到跨越创业意向到创业行为的鸿沟的重要性,开始着手研究创业意向向创业行为转化的机制。Shook等(2003)构建"形成创业意向—搜寻和发现机会—做出创业决策—开发创业机会"的理论模型,证实了机会发现、创业决策在创业意向对创业行为影响中起到重要中介作用。也有学者从认知理论出发,发现创业实施计划的中介作用也十分明显(姚晓莲,2014)。还有学者认为起到中介作用的因素还包括地区和性别等(郭晓丹,2014)。包建华,方世建等(2013)还证实了工作经验在创业意向对创业行为的影响中发挥重要的调节作用。

综上所述,从研究结论看,创业意向对创业行为的预测作用还是存在一定的分歧,现有研究还不能有效解释"心动多,行动少"的创业现象。从研究方法看,大多数是以问卷调查的方式获取数据,然后根据数理统计的方法对模型进行验证。而创业意向是一种复杂的心理活动,创业行为也是应对不确定性、模糊性、复杂性以及快速变化的环境所采取的一系列复杂行动[60]。创业意向与创业行为都难以通过问卷调查的方式准确获取。不仅如此,从时间的维度看,先有创业意向,后有创业行动,而现有的定量研究却要求被调查者同时填写创业意向和创业行为量表,按照时间先后顺序的历史追踪研究十分缺乏。从研究范式看,大多研究是以心理活动为研究对象,按照因果关系的逻辑构建模型。以往的研究范式一方面忽略了环境的重要作用,另一方面忽略了创业意向向创业行为转化过程中情感性因素的作用。创业行为是环境和创业者某些认知偏好相互作用的结果(朱秀梅,2010)[61],创业者之所以选择具有较大风险的创业行为,除了影响因素外,还应该受到环境中某些特定事件的激发,使其打消疑虑,果断创业。正如 Bergman 和 Stemberg(2007)通过对全球创业观察(GEM)德国报告中 2003 年前后的数据进行比较分析发现的"诱发性事件"那样,这些诱发性事件是引导个人从拥有创业意愿发展为形成创业行为的关键事件,把创业活动从量变发展到质变[62]。

鉴于创业意向与创业行为研究的不足,本文提出并探索值得研究的重要问题,即剖析创业意向向创业行为转化的过程,揭开创业意向向创业行为转化的黑箱,寻找创业意向在向创业行为转化过程中的关键性事件,并回答这些关键性事件在创业意向向创业行为转换过程中发挥了什么作用,以及是如何发挥作用的等问题。

2.3.3　研究设计

(1) 研究方法选择

本研究的目的是探讨现实情境中创业意向向创业行为转化的关键因素与影响机理,属于探索性研究理论问题,质性研究是比较适合的研究方法(McCracken,1988)。质性研究中的扎根理论因强调从情境中发现问题、提炼概念和建构理论而被认为是最能够确保研究的客观性、最科学的质性研究方法[63]。鉴于此,本研究采取扎根理论的研究方法,按照扎根理论开放式编码、主轴编码、选择性编码的步骤,试图通过对资料的深入分析和持续比较,不断提炼和修正理论,从资料中总结和发现创业意向向创业行为转化的关键因素和规律,逐渐形成理论框架。

(2) 样本选取

扎根理论研究方法并不像实证研究那样十分注重样本数量的多少,而更注重研究对象信息的丰富度。为此,本研究采取深度访谈的方法对 8 位创业者(见表 2.7)进行了深度访谈,每个样本访谈时间至少 3 小时以上。典型访谈问题包括:您什么时候具有创业想法的,您什么时候开始创业的,从具有创业想法到采取创业行动这段时间发生了哪些事情,你是如何看待这些事情的,你认为在采取创业行为时有哪些关键的人、关键的事,等等。

表2.7　样本

序号	姓名	性别	年龄	创业年份	创办企业
1	王东林	男	48	1995	江苏远燕医疗设备公司
2	倪合明	男	52	1996	南京金海田管理咨询公司
3	孔　飞	男	50	2000	上海能天能源设备公司
4	吴明卉	女	37	2012	苏州新爱婴早教中心
5	欧阳端	女	41	2004	镇江商易管理咨询公司
6	郁　梁	男	48	2002	南京杰里纺织有限公司
7	王兴文	男	40	2004	江苏百瑞吉新材料有限公司
8	祁　萍	女	36	2009	无锡市乐道管理咨询有限公司

2.3.4　创业意向向创业行为转化模型探索

为探索创业意向向创业行为转化的关键因素与影响机理,本研究采用Strauss等开发的三级编码技术(开放式编码、主轴式编码和选择性编码)对质性资料进行整理和分析,并进行饱和度检验。

（1）开放式编码

开放式编码为一级编码,其目的是对原始的资料进行逐字逐句地编码、标签和归类,以使蕴含在原始资料中的观点涌现出来,使其得以范畴化和概念化。在编码过程中概念是最基本的分析单元,属性相近或意义相关的概念被进一步聚敛并提炼为范畴[64]。本研究以"创业意向向创业行为转化的过程"为核心研究问题,秉承着开放的态度,对收集的资料进行开放性译码分析,并对原始资料贴上标签,本研究最终得到118个标签。开放式编码的部分示例见表2.8。

表 2.8　开放式编码部分示例

WDL:我自己开发了件新产品,公司当年盈利近百万,而总共只奖励了我 300 元,感觉自己被剥削了。感觉只有自己创业单干,才能体现自己价值。	WDL1:因为被榨取剩余价值产生了被剥削的负面情感体验,为了消除负面情感体验而创业。 WDL2:创业是体现自身价值的唯一手段。
WXW:到一个与原公司有合作的小私营企业主家里参观,看到他家里装潢用的墙纸都是自己近半年的工资。而这个私营企业主无论是学历、经验、技术比自己都差远了,他能成功,我也一定能成功。	WXW1:因没别人有钱而被瞧不起,为了让别人瞧得起就要创业赚钱。 WXW2:能力不如自己的人都能创业成功,我也一定可以。
KF:国企改制后,不太愿意为私人企业打工,为国企做是为了群体、为团队,为私营企业做不情愿,不如自己创一条路出来。自己只有 35 岁,还是可以创出一片天地的,再不创业可能就晚了。	KF1:国企改制打破了原有生活。 KF2:为别人打工不如为自己打工。 KF3:对自己创业充满信心。 KF4:为利用年龄优势,需要立刻去做。
NHM:当公务员时,看到局长也只开个桑塔纳,想到自己到退休时最多有这样一个结果就不心甘。 一个同学从一个大专生经过自己的奋斗成为博士、大学教授,让我看到只要自己努力就能成就梦想。励志的书让我知道要做积极的人、正能量的人,才能实现自己的梦想。	NHM1:对自己职业未来感到灰心。 NHM2:自己具有创造一番事业的梦想。 NHM3:榜样的作用证明了努力就会有结果。 NHM4:榜样让我充满正能量。
WMH:28 岁就当了幼儿园园长,职业发展遇到了瓶颈。 派我到比较远的一个幼儿园,打破我原有的生活,我不愿意去。 一个同学开了培训中心,运作比较成功。	WMH1:职业发展遇到了瓶颈,而自身有渴望打破瓶颈。 WMH2:被派到较远的幼儿园,使原有生活无法维持。 WHM3:榜样的作用,让其对创业产生了信心。
OYD:自己在公司发展不再有优势,上升空间有限;自己授课能力和客户资源让自己单飞提供了基础,让我很有信心做出一番事业。 到北京参加一个培训,主题是人生规划,促使我去重新思考人生。	OYD1:职业无上升空间。 OYD2:自身能力与资源让其创业充满信心。 OYD3:对人生的重新思考,坚定创业是实现人生目标的手段。

（2）主轴式编码

主轴式编码是在开放式编码的基础上,对初步贴上标签的资料进行整合分析,并逐步进行概念化的过程。通过主轴式编码,逐步提炼研究的核心范畴。主轴式编码首先要对语义相同或相近的标签进行合并。例如,"KF1:国企改制打破了原有生活""WMH2:被派到较远的幼儿园,使原有生活无法维持"都是现有职业状态遇到破坏,原来的生活无法继续维持,因此需要合并。再例如,"NHM1:对自己职业未来感到灰心""WMH1:职业发展遇到了瓶颈,而自身有渴望打破瓶颈""OYD1:职业无上升空间",表达的都是对现有职业前景的不满,因此需要合并。

在对所有标签进行语义合并形成独立的概念后,需要对这些概念之间的关系进行梳理,再对这些概念进行范畴化的处理,并逐步提炼出主要和次要范畴(见表 2.9)。

表 2.9　主轴编码分析表

主要范畴	次要范畴	概念	概念内涵
关键事件	振奋事件	榜样的力量	周围人成功创业案例
		高人指点	直接或间接获得专业人士指点
		获取机会	较强吸引力的、较为持久的有利于创业的商业机会
	麻烦事件	职业瓶颈	无法改变自身条件和外部环境的情况下,而产生的一个职业停滞时期
		环境变化	企业关闭、家庭变故使原来生活无法继续维持
		遭人鄙视	过去的生活、自身发展现状遭人轻蔑

续表

主要范畴	次要范畴	概念	概念内涵
情感体验	积极情感	兴奋	在关键事件的刺激下,呈现出的激昂、振奋情绪
		自信	经言语劝说或个人经历影响,相信自己创业成功的一种信念
	消极情感	焦虑	对职业现实的潜在挑战或威胁的一种情绪反应
		愤怒	因他人不敬导致极度不满情绪
创业行为	创业准备	创业学习	为创业进行知识、经验准备与积累
		创业规划	制订创业时间表,做必要的资源、市场准备
	创业行动	开办企业	成立企业,开始创业活动

(3) 选择性编码

选择性编码是在主轴编码的基础上,对研究所涉及的主要范畴之间的逻辑关系进一步提炼与归纳的过程。选择性编码的目的是通过建构性的解释来理顺各范畴的逻辑关系,描述出研究的整体结构以形成基本的理论框架[65]。本研究通过整理访谈材料,对研究所涉及的"关键事件""情感体验""创业行为"3 个核心范畴的逻辑关系进行系统梳理,构建了关键事件创业行为的影响逻辑模型(见图 2.3)。潜在的创业者经历的关键生活事件对创业者做出创业行为具有重要影响:振奋性的生活事件会让潜在创业者产生兴奋、自信等积极情感体验,积极情感体验对潜在创业者快速做出创业行为起到催化作用;麻烦性的生活事件会让潜在创业者产生焦虑、愤怒等消极情绪体验,这些消极情感体验会对潜在创业者快速做出创业行为起到唤醒作用。

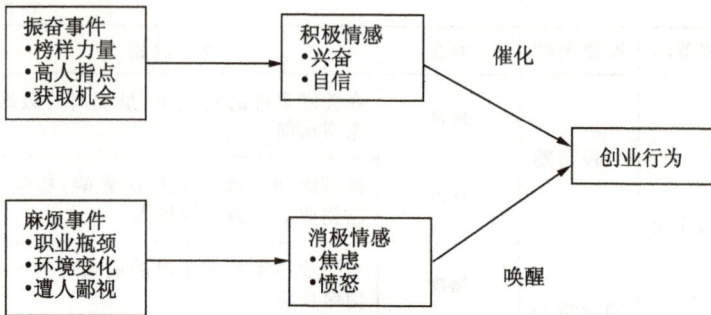

图2.3 选择性编码分析图

（4）饱和度检验

饱和度检验主要是对收集案例样本的充足度进行检验，防止研究样本选择过少导致研究结论缺乏普适性。为了进行饱和度检验，需要在编码完成后再增加几个研究样本，检查这些样本是否会发现新的范畴，以决定何时采取停止采样。为检验本研究的饱和度，在编码之后又搜集了3个样本，并对样本进行了开放式编码分析，但并未发现新的范畴，本研究的理论饱和度得到检验。

2.3.5 编码结果分析

通过编码分析，本研究发现发生在创业者身边的生活、学习、工作中的关键事件在创业意向向创业行为过程中发挥着重要作用。这些关键事件作为一个重要的应急源，引发潜在创业者的情感心理反应，而人的情感反应进一步影响潜在创业者的行为选择。

（1）关键事件对情感体验的影响

在组织管理领域，许多学者已经意识到事件对情感的影响（Elfenbein，2008；Miner，Glomb，2010），并诞生了行为经济理论、平均累加模型、峰终定律和心理账户等不同理论学派。这些理论学派虽然有所争议，但对"正性事件能让人产生积极情绪体验，而负性事件让人产生消极情绪体验"的结论普遍认同[66]。

事例 1

"我一个同学，大专毕业，虽然起点比较低，但他十分努力，读了硕士、博士，后来成为南大的一名教授。这件事对我触动很大，让我认识到只要努力，就一定能成功，我要辞职创业的信念就更加坚定了。"

"我是一名退伍军人，退伍后在企业从事混凝土外加剂的销售工作，并且很快成为公司销售冠军，原部队首长十分关心我，当领导得知我取得的成绩时，就鼓励我能够成立自己的企业，并且愿意提供必要的帮助，就坚定了要创业的想法。"

由此，可以得到：

推论 1　振奋事件可以使潜在创业者产生兴奋、自信等积极情感体验。

事例 2

"有一次大学同学聚会，看到我们一个同学开着奔驰过来的，而我是骑着自行车去的，同学给我开玩笑地说，骑自行车好啊，既健康又环保，这件事伤了我的自尊，本还想再考虑考虑要不要创业，这件事让我觉得如果再这样安逸下去，就像温水煮青蛙，永远沉寂下去。"

"有一次，到一个与原公司有合作的小私营企业主家里参观，看到他家里装潢用的墙纸都是自己近半年的工资。而这个私营企业主无论是学历、经验、技术比自己都差远了，他能成功，我也一定能成功。"

由此，可以得到：

推论 2　麻烦事件可以使潜在创业者产生焦虑、愤怒等消极情感体验。

（2）情感体验对创业行为的影响效果

情感事件理论认为，情感对人行为的影响主要有两条路径：情感驱动和态度驱动[67]。所谓情感驱动,是指情感直接驱动行为的产生;所谓态度驱动,是情感先影响态度,通过态度影响人的行为。而本研究发现,创业行为是一个理性的经济行为,创业者在由创业意向向创业行为转化过程中经过了深思熟虑、权衡利弊的理性思维过程,情感体验只是影响了创业意向向创业行为转化的可能性和转化的速度。

事例 3

"其实我早就有创业的想法,但一直没有采取行动。但有一次,我参加了一个成功学的培训。这次培训,让我对自己的人生进行了反思,如果再这样拖下去,就会碌碌无为一辈子,要改变现状,就必须抓紧时间行动,所以就很快开办了自己的公司。"

"我 28 岁就当了园长,我做得无论有多好,职业上也无法获得更大突破,职业遇到了瓶颈期,就萌生了创业的想法,但在幼儿园里日子还算稳定,就一直没有行动。而正在这时,上级要派我去一个较远的幼儿园,我心里比较郁闷,就想既然过得不开心,不如索性自己出去做。"

由此,可以得到:

推论 3 情感体验对创业行为形成过程中起到调节性的作用。

(3) 情感体验对创业行为的影响机制

当一个人具有初步的创业意向时,当振奋性的事件出现时,会增加这种情感体验的刺激,刺激越大、刺激越多,则这种情感体验的累积就会越大,当这种情感体验突破到一个极限值时,就会使创业意向向创业行为进行转变。而当麻烦事件产生时,会使人们对现有的生活方式产生不满情绪,麻烦事件越多、麻烦事件越大,人对原有生活方式的否定就越大,改变现有生活方式的要求就越强烈,当达到一定的临界点,就会促使人们放弃原有稳定的就业行为,转而寻求收益和风险并存的创业行为。

事例 4

"我在企业做培训师时随着授课水平的不断提升,也逐步萌生单飞的想法,但一直没有下定决心采取行动。有一次,到武汉参观一个朋友开的素质拓展培训公司,客户十分喜欢这种新生培训方式,在朋友的帮助和鼓励下,决定放手一搏,在镇江推广这个培训业务。"

"2009 年下半年,我参加了'百万青年创业计划'公益活动。'花时间'观察了几个月后,萌生了一个设想:既然用户大多数付费意愿低,那是不是可以在手机应用免费的同时,在里面置入广告插件代码,然后进行推广,得到的广告收益再和开发者分成?与此同时,国外又传来消息,哈姆伊创立的手机广告网络公司 AdMob 被谷歌以 7.5 亿美元收购,这让我十分兴奋,也让我坚信,以手机应用广告平台为创业方向是可行的。"

由此,可以得到:

推论 4　积极情感体验在创业行为形成过程中起到催化性作用。

事例 5

"我所在的国有企业改制了,我是共产党员,为国有企业卖命觉得还有价值,要为民营企业工作,感觉还不如出去自己干。我那时 35 岁,就想做点事情,闯出一片天地,感觉到再不出去闯,已经没有机会了,我就跟几个朋友跑到非洲做生意了。"

"做了三年的外贸业务,由于金融危机的影响做不下去了。已经快 30 岁的人了,就靠那么点微薄的工资糊口,吃不饱饿不死的,心里总是不甘心想找个机会搏一搏。反正业务是做不下去了,就不如借这个机会搏一搏吧。以前也有过摆地摊的想法,但一直没有付诸实践,一是因为有工作在身,很多时候晚上也不得空闲;二是因为还没下定决心,拉不下脸来,怕被同事看到,虽然知道这个也没什么,但心里还是放不下。"

由此,可以得到:

推论5 消极情感体验在创业行为形成过程中起到唤醒性作用。

2.3.6 研究总结

(1) 研究结论

本研究采取扎根理论的研究方法,探索了潜在创业者由创业意向向创业行为演变影响因素及作用机理。研究发现:关键事件和情感体验是创业意向向创业行为转变的重要影响因素,振奋和麻烦关键事件分别激发创业者的积极和消极情感体验,情感体验虽然不是创业意向向创业行为转化的充分条件,但却对创业意向向创业行为的转变起到重要调节作用,是创业意向向创业行为转变的重要必要条件,积极和消极的情感体验对创业意向向创业行为的演化分别起到催化和唤醒的作用。

(2) 研究贡献

本研究的理论贡献主要体现为:发现创业意向向创业行为转变过程中的情感性因素,解释了创业领域"心动多、行动少"的原因,弥补了过去过多关注理性因素而忽略情感因素对创业决策行为的影响。其次,本研究发现创业行为的产生是潜在创业者理性和情感因素共同作用的结果,情感性因素并不能替代理性因素,而是起到催化或唤醒性的作用。

本研究对创业政策制订的启示主要体现为:在创业教育中应加强理想、信念教育,给潜在创业者注入正能量,让潜在创业者获取兴奋、自信等积极情感体验,发挥积极情感的催化作用,点燃创业激情,加强潜在创业者与创业成功人士的群际接触,发挥成功创业者的榜样力量。应加强职业指导工作,引导因职业瓶颈、外部环境变化导致的职业受挫者,能够将焦虑、愤怒的情感体验转化为创业的动力。

（3）研究展望

从研究方法来看，本研究采取扎根理论的方法对访谈资料进行分析，提炼出研究的核心范畴，并理清这些范畴之间的关系，但这些范畴的量表还需要进一步开发，这些范畴之间的关系还需要进一步检验。在以后的研究中，可在量表开发的基础上，采取实证的方法进一步检验关键事件、情感体验与创业行为之间的关系。

从研究内容来看，本研究发现了创业意向向创业行为转变过程中的情感心理因素，而情感因素与理性判断因素之间是否存在替代关系或互补关系等问题还需要进一步研究与探讨。

第 **3** 章　科技绿色创业资源获取研究

3.1　环境价值观契合、组织声誉与人才吸引力关系研究

3.1.1　研究背景

改革开放的 30 余年,以"规模"和"速度"为特征的中国经济举世瞩目,但为此也付出了惨重的代价,废水侵蚀了清澈的河流,废渣占领了脚下的土地,雾霾使呼吸到新鲜空气成为一种奢望。日益恶化的环境问题使包括企业在内的诸多主体觉醒,越来越多的企业开始顺应时代发展的要求,研发绿色技术、开发绿色产品、提供绿色服务、承担绿色社会责任,走绿色的可持续发展道路。而绿色产品或服务的研发、生产和营销等工作都是由人来完成的,企业能否吸引到人力资源,一同致力于绿色产业的发展,是企业能否实现绿色战略的关键。

人与环境交互理论认为,人的行为可以用个体的个性特征与环境之间的交互作用或契合来加以解释。个体有将组织"人格化"的倾向,将组织赋予各种人格化特征,并将自我的特征与之契合,这种契合程度将对个体的态度和行为产生很大影响。而众多关于个人和组织的契合研究表明,价值观对于个人和组织而言都是基本的、持续的特征(Chatman,1991),个人价值观与组织价值观的一致性契合,是个体与组织契合的重要方面,是最基础、最核心的方面(Kristof,2002)。在环境问题日益严峻的今天,企业越来越重视环

境问题,但环境价值观是否能够得到潜在申请者的认同? 是否能吸引到众多潜在申请者? 环境价值观契合对人才吸引力影响的内在机制是什么? 这是企业关心的问题,也是本研究希望回答的问题。

3.1.2　概念界定

(1) 环境价值观契合

许多研究认可把价值观契合看作是个人-组织匹配(P-O 匹配)的核心概念(唐源鸿,卢谢峰,李珂,2010)[68]。虽然在有些文献中,价值观契合被界定为上下级之间的价值观契合或者团队成员与团队间的价值观契合,但更多的作者同意价值观契合指的是人和组织之间的价值观契合。Edwards & Cable(2009)[69],Greguras & Diefendorff(2009)[70]等学者认为,价值观契合代表的是人和组织之间的价值观念和价值系统之间的相似性程度。Chatman(1991)[71]等人把领导看作是一个组织层面的概念,认为价值观契合代表了员工和领导之间的契合性。

环境价值观(Environmental Values)是指个人对环境及相关问题所感觉到的价值,是"直接针对环境保护和环境义务的赞成或支持性行为"[72]。环境价值观起源于一般价值观,环境价值观契合也可借用一般价值观契合的基本逻辑,是组织与利益相关这对环境价值观的相似程度。

(2) 组织声誉

组织声誉(Organizational Reputation)是一项表征企业道德水平的重要指标,组织声誉体现的是被评价方提供的产品或服务能够满足特定外部利益相关者期望的程度(Rhee,2009)[73],是对组织响应(Organizational Response)满足其需求和期望程度的感知,及其通过口碑(Word of Mouth)、媒体获得的相关知识和经验(York,Gumbus,Lilley,2008)。利益相关者是评价的主体,会将从企业获得的感知价值与满意度进行比较。潜在申请者是企业利益相关者重要组成部分,在应聘活动中与组织进行各式的交流互动,从而获得信息,并根据获取的信息,结合自己的经验对企业进行评价。

(3) 人才吸引力

Backhaus(2004)曾说过,企业要打造有竞争力的人力资本,第一步就是要想办法吸引到合适的求职者。组织人才吸引力指的是组织本身吸引潜在求职者前往应聘的程度(Turban,Greening,1997)[74]。Levering(2007)认为,组织人才吸引力不仅是用来完成一个成员与组织简单的工作联系,或是一种简单交易,而是要形成一个和谐、有序、运作高效的相互吸引,是一种可持续的、相互支持与合作的关系[75]。虽然,组织人才吸引力的对象包括潜在员工、在职员工,甚至包括离职员工,但前期作用主要针对潜在申请者。

3.1.3 理论模型与研究假设

(1) 环境价值观契合与组织声誉

Edwards(2009)提出,价值观契合影响绩效的主要机制是增加信任和吸引[76]。根据Yang(2007)对组织如何应对公共关系的研究,合作关系中双方的相互信任与承诺程度能显著提升组织声誉水平[77]。环境价值观契合和一般价值观契合一样具有动态性,当环境问题不突出,潜在申请者环保意识不强,即使企业秉持绿色价值观也并不会得到潜在申请者的响应。当环境问题十分严重,以致威胁到人们的生存时,如果企业不履行环境责任,潜在申请人可能会对这样的企业做出负面评价,影响其社会声望。乔尔·麦科沃(2012)研究认为,有很多企业都想方设法减少它们对环境的影响,某些企业是自愿的、出自于经营和声誉的考虑。因此,做出以下假设:

H1——环境价值观契合对组织声誉有显著正向影响。

Stern(1993)从价值观量表中提取出与环保行为直接有关联的三个方面的价值观：生态价值观、社会利他的价值观、利己价值观[78]。

生态的价值观认为自然环境具有内在价值和权利，人类没有权利破坏环境以满足自身的需求。具有生态价值观的企业具有强烈的生态意识，高度关注生态环境，按照生态标准设计和生产产品。具有生态价值观的潜在申请者以阻止污染、保护自然生物多样性及大气层为己任，提倡有利于环境保护的技术和产品，对于破坏环境的事情，他们都会尽力阻止，对于有利于环境保护的事情他们就会积极赞许和参与。因此，做出以下假设：

H1a——生态环境价值观契合对组织声誉有显著正向影响。

社会利他价值观是从社会整体利益的角度出发来考虑环境保护的问题。具有社会利他价值观的企业以可持续性发展为目标，为实现社会成就感而非自身经济利益而创建企业，他们会积极响应政府和社会的号召，以实际行动推动绿色产业发展，顺应社会生态建设的要求。而具有社会利他价值观的潜在申请者秉承为了社会利益而牺牲个人利益的生活态度和行为的原则，他们具有很强的社会责任心，他们关心环境问题不是为了个人生存环境利益，而是为了社会能够可持续的良性发展。他们关心环境问题，会使关心环境保护的企业有较高评价。因此，做出以下假设：

H1b——社会利他环境价值观契合对组织声誉有显著正向影响。

利己价值观的企业以自己的经济利益价值观为导向，他们可能也会从事绿色产业，但他们参与绿色产业的动机不是主动的，而是被动的。他们从事绿色产业可能看到了绿色化进程中的商机，也可能是被高额的绿色政府补贴所吸引。只要从事绿色产业无利可图，他们会立刻终止所从事的绿色产业。利己价值观的潜在申请者是追求利益的最大化的"经济人",他们可能也会消费绿色产品或从事绿色产业,但这样做的条件是比消费传统产品或从事传统产业更有利可图。他们认为,追求个人利益是一种正当行为,不会对追求经济利益的企业产生厌恶感。因此,做出以下假设:

H1c——利己环境价值观契合对组织声誉有显著正向影响。

(2)环境价值观契合与人才吸引力

企业价值观是企业的特征和信号,会使具有类似价值观的潜在申请者具有情感承诺,吸引具有相似价值观的潜在申请者加入企业。Billsberry(2010)基于ASA(吸引-选择-摩擦)模型,提出价值观契合在潜在申请者这一利益相关者与组织的相互吸引和甄选中扮演重要角色[79]。Schneider(1995)研究认为,员工会选择与自己价值观相近的组织,而组织也会选择具有相似价值观的员工[80]。

环境价值观契合是价值观契合的重要组成部分,环境价值观契合和其他价值观契合同样具有吸引人才的功能。企业环境价值观及其环境观指导下的企业行为能够得到具有类似价值观的潜在申请者的认同和响应,正如乔尔·麦科沃(2012)认为的那样,只要减少污染,就能得到其他的好处,例如能吸引优秀的毕业生,因为这些学生都想为有相同价值观的企业工作[81]。因此,做出以下假设:

H2——环境价值观契合对人才吸引力有显著正向影响。

H2a——生态环境价值观契合对人才吸引力有显著正向影响。

H2b——社会利他环境价值观契合对人才吸引力有显著正向影响。

H2c——利己环境价值观契合对人才吸引力有显著正向影响。

(3)组织声誉与社会人才吸引

自亚当·斯密以来,声誉机制一直被认为是契约得到忠实执行的保证。Kreps和Wilson建立了标准的声誉博弈模型,该模型得出了"声誉能够增加承诺的力度"这一结论[82]。雇主在吸引人才时会采取广告宣传、收取简历、面试、背景调查等活动,而潜在申请者也会主动调查这个企业的资质、经营范围、价值观等信息。在招聘与求职活动中,雇主与潜在求职者之间存在着各种互动。在互动过程中,潜在申请人形成的雇主价值观感知将影响潜在申请人的行动决策。良好的组织声誉可以让潜在申请人对雇主产生良好的感知,这种感知虽然不同于资产、待遇等有形资产,但在吸引人才方面具有同样重要的意义。正如,Mailath & Samuelson(1998)所认为的:"声誉是一种与物质资产和金融资产相类似的资产"[83]。李杰、黄培清也认为,声誉的价值在于增加企业"高水平努力"承诺的可信度,使企业克服道德风险,避免陷入无效的低水平努力均衡[84]。组织声誉能给潜在的申请者产生良好的印象,潜在申请者更愿意加入具有良好声誉的企业。Mnafrde(2004)、刘靓(2005)经过实证验证发现,员工感知的企业声誉分为情感和认知两大构成因素。因此,可以做出以下假设:

H3——组织声誉对人才吸引力有显著正向影响。

H3a——情感组织声誉对人才吸引力有显著正向影响。

H3b——认知组织声誉对人才吸引力有显著正向影响。

由以上分析,得出本研究的基本理论模型,如图 3.1 所示。

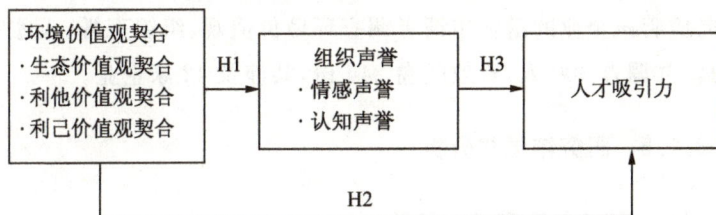

图 3.1　假设模型

3.1.4 实证研究设计

1. 问卷的编制

本研究涉及自变量(环境价值观契合)、中介变量(组织声誉)和结果变量(人才吸引力)。其中,环境价值观量表主要参照 Stern & Schwartz(1993)环境价值观量表而设计,共分为生态价值观、社会利他价值观、利己价值观 3 个维度,9 个条目。分别对潜在申请者和雇主进行测量,然后采取郑佰壎(1992)的建议以这种环境价值观差的绝对值来衡量价值观契合的程度。价值观差的绝对值越大说明契合度越低,为统计方便,本研究将用 5 减去价值观差的绝对值来衡量价值观契合度。组织声誉量表主要参照 Mnafrde(2004)、刘靓(2005),从情感和认知 2 个维度进行测量,共包括 6 个条目。企业人才吸引力量表主要参照宋鸿、程刚(2012)研究成果[85],采取"到该企业就业的意愿程度"进行测量。所有量表都采取 Likert 五级量表进行衡量。

2. 问卷调查

2013 年 11 月—2014 年 1 月,利用江苏科技大学、江苏大学、南京大学、河海大学等江苏省 10 所高校举办招聘会之际,向前来招聘的企业以及潜在申请者进行调查,其中向招聘企业调查环境价值观,向应聘该企业的潜在申请者调查环境价值观、组织声誉、人才吸引力。共调查 300 人,有效问卷 246 份,共涉及 42 家企业。

3.1.5 研究结果与分析

(1) 变量的信度和效度检验

本研究通过 SPSS 16.0 对各变量的内部一致性进行检验。根据 Nunnally(1978)的观点,当测量一个构面的项目内在一致性系数(Cronbach'α)大于 0.7 时,表示其内在一致性具有良好的效果[86]。

Dooley(1995)建议,应该避免信度小于 0.5,信度在 0.5～0.7 之间具有中等信度,仍然是可以使用的,而低于 0.5 的低信度会导致对变量之间的关系估计不足。由表 3.1 可知,本研究的各变量信度接近 0.7,符合测量的要求,表明问卷具有较高的可靠性。

表 3.1　信度和效度检验表

量表	KMO	解释变异	潜变量	题项数	Cronbach'α
价值观契合	0.631	60.726%	生态价值观契合	3	0.653
			利他价值观契合	3	0.683
			利己价值观契合	3	0.774
组织声誉	0.805	74.637	情感声誉	3	0.823
			认知声誉	3	0.819

　　为保证量表的结构效度,本研究使用探索性因子分析的方法进行检验。检验结果表明各量表 KMO 大于 0.6,Bartlett 球体检验结果 sig. =0.000,适合进行探索性因子分析。

　　(2) 相关性分析

　　在对模型进行回归检验之前,先要对模型中的研究变量进行相关性进行相关性检验,以判断研究假设是否合理。本文采用 SPSS16.0 对变量进行 Person 相关分析,结果见表 3.2。

表 3.2　变量相关系数分析表

	生态价值观契合	社会利他价值观契合	利己价值观契合	情感声誉	认知声誉	人才吸引力
生态价值观契合	1	.077	.289**	.364**	.542**	.205**
社会利他价值观契合	.077	1	.206**	.305**	.363**	.188**

	生态价值观契合	社会利他价值观契合	利己价值观契合	情感声誉	认知声誉	人才吸引力
利己价值观契合	.289**	.206**	1	.346**	.459**	.189**
情感声誉	.364**	.305**	.346**	1	.488**	.358**
认知声誉	.542**	.363**	.459**	.488**	1	.372**
人才吸引力	.205**	.188**	.189**	.358**	.372**	1

* 相关性在 0.05 水平显著

** 相关性在 0.01 水平显著

由表 3.2 可以看出,自变量、中介变量和因变量之间具有显著相关关系,初步支持了假设 H1,H2,H3。

(3) 多元回归分析

多元回归分析结果见表 3.3。

表 3.3 多元回归分析汇总表

模型	一	二	三	四	五	六	七	八
变量	情感声誉	认知声誉	组织声誉	人才吸引力				
生态价值观契合	0.252	0.403	0.327	0.224				
利他价值观契合	0.232	0.272	0.252	0.222				
利己价值观契合	0.290	0.384	0.337					
情感声誉					0.332	0.470		
认知声誉					0.305		0.477	
组织声誉								0.638
模型 F	26.913	69.980	71.529	9.428	26.554	35.898	39.2	53.289

模型	一	二	三	四	五	六	七	八
变量	情感声誉	认知声誉	组织声誉	人才吸引力				
R Square	0.250	0.465	0.470	0.072	0.179	0.128	0.138	0.179
调整 R Square	0.241	0.458	0.463	0.064	0.173	0.125	0.135	0.176

由模型一可知,3 种价值观契合对情感声誉具有显著影响,可解释情感声誉方差变异量为 24.1%。相对来说,利己价值观契合和生态价值观契合对情感声誉的影响较大,β 系数分别达到 0.29 和 0.252($p < 0.01$)。由模型二可知,三种价值观契合对认知声誉具有显著影响,可解释情感声誉方差变异量为 45.6%。相对来说,生态价值观契合和利己价值观契合对认知声誉的影响较大,β 系数分别达到 0.403 和 0.384($p < 0.01$)。由模型三可知,三种价值观契合对组织声誉具有显著影响,可解释组织声誉方差变异量为 46.3%。相对来说,利己价值观契合和生态价值观契合对情感声誉的影响较大,β 系数分别达到 0.337 和 0.327($p < 0.01$)。

所以,假设 H1,H1a,H1b,得到检验。

由模型四可知,三种价值观契合中只有生态价值观和利他价值观对人才吸引力具有显著影响,可解释情感声誉方差变异量为 6.4%。因此,假设 H2 得到部分检验,H2a 和 H2b 得到检验,H2c 没有得到检验。

由模型五可知,两种组织声誉对人才吸引具有显著影响,可解释人才吸引方差变异量为 17.3%。相对来说,情感声誉对人才吸引的影响较大,β 系数达到 0.332($p < 0.01$)。

因此,假设 H3,H3a,H3b 得到检验。

由模型六~八可知,当把中介变量情感声誉、认知声誉和组织声誉分别加入到自变量和因变量之间后,自变量对因变量的影响全部为不显著,解释人才吸引方差变异量由 6.4% 分别提高到 12.5%、13.5%和17.6%。因此,组织声誉在生态价值观与人才吸引力之间起到完全中介作用。生态价值观与人才吸引力之间并无直接影响,模型四显示的生态价值观和利他价值观对人才吸引力具有显著影响是一种"假相关"。图 3.2 为修正的模型。

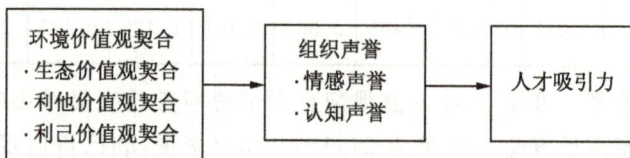

图 3.2 验证模型

3.1.6 研究结论与启示

(1)环境价值观契合的 3 个维度都显著影响组织声誉,这说明企业应重视打造与潜在申请者具有一致性的环境价值观。当潜在申请者普遍具有环保意识,普遍重视环境问题的情况下,企业应逐步树立生态价值观;但如果潜在申请者没有环保意识时,企业一味地追求环境保护,潜在申请者则并不领情,反而降低潜在申请者对组织的评价。

(2)组织声誉在环境价值观契合与人才吸引力之间具有完全中介作用,这说明环境价值观契合并不会直接对人才吸引产生直接的影响,潜在申请者之所以会选择环境价值观契合的企业,并不是被环境价值观本身吸引,而是因为这些企业具有良好的组织声誉。因此,组织应重视组织声誉管理,有效地培育、积累和维护组织声誉,树立良好的社会形象。

(3)虽然组织声誉的两个维度都对人才吸引力具有显著正影响,但影响程度不同。情感声誉比认知声誉对人才吸引力的影响更大,这个结论对企业的意义在于,企业应更重视情感声誉,在声誉管理过程中不仅应加大宣传力度,树立良好的社会形象,而且还应注重与外界的互动,与外界产生心理的互动,从而达成深层次的认同。

3.2 产业集群内创业者社会资本、信任与创业融资

3.2.1 问题的提出

资金是创业资源的重要组成部分,是创业行为的物质基础,是影响创业成功的关键性因素,创业管理学者鲁西耶(Lussier)总结出影响创业成败的 15 个关键要素,资金取得排在首位[87]。创业收益的滞后性决定了企业初创阶段需要资金支持,然而企业创业初期又很难获取足够的资金,创业企业在发展初期遇到的资金缺口被称为"麦克米伦缺口"(Macmillan Gap)。经济学者从理性经济人这一假设出发,提出金融签约理论[88](Financial Contracting Theory),强调通过证券设计、控制权分配、分阶段提供资本等制度设计克服信息不对称、限制机会主义行为,从而弥补这一"缺口"。但事实情况是这些制度设计在实践中并未发挥应有的作用,正规渠道获取资金比例依然十分微小,大多外部资金来源于社会网络。沙恩和凯布尔(2002)考察了 202 名从事子期投资的创业投资者和创业者,发现拥有紧密高的网络的创业者更能推动金融投资决策[89]。我国学者张玉利和杨俊(2003)通过对国内 11 座城市 MBA 学员和大众群体的调查发现,成功创业者在融资渠道的选择上,单一融资方式中源于企业家社会关系网络的融资方式显著高于其他融资方式[90]。

社会关系网络成为创业融资的主要渠道已经得到证实,然而社会网络为何成为创业融资的主要渠道? 创业者社会网络替代正规融资方式成为创业融资的主要渠道的内在机理是什么? 现有的研

究成果还未对此进行深入的研究，给出令人满意的答案。高风险性和不确定性是创业企业的基本特征，这个基本特征直接决定了创业融资的高风险性和信息不对称性。在这种不确定程度很高，信息严重不对称的情况下，个体往往处于规避风险与不确定性的目的，会将信任代替理性决策的手段，信任成为风险决策的依据。信任是社会资本的表现形式，社会资本是信任的源泉，信任成为社会资本对创业融资影响的关键中介变量。产业集群不仅优化和发展了社会资本，而且使集群内企业信任机制由个人信任向制度信任发展，产业集群成为影响创业融资的重要环境因素。

3.2.2 社会资本与信任

信任和社会资本虽然是两个含义不同的概念，但信任和社会资本具有密切的联系。科尔曼认为信任是社会资本的一种形式，社会资本是信任的源泉。普特南则认为信任是社会资本的重要源泉。福山则将信任几乎等同于社会资本，认为社会资本是从社会或社区流行的信任中产生的能力。信任和社会资本存在着密不可分的紧密联系，信任和社会资本相互作用、互为促进，信任能够产生社会资本，社会资本又能强化信任关系[91]。

社会资本能够强化信任关系已得到众多学者的认同，但社会资本影响信任的路径的研究还比较欠缺。本文以"嵌入性"的理论框架，探讨社会资本影响信任关系的机理。Granovetter 认为，行为主体的经济活动不能脱离社会背景而孤立地行事，而是在具体、动态的社会关系中追求自身多重目标的实现；经济行为是嵌入的主体，嵌入到特定的社会关系之中，并受其影响和制约。而社会资本是在"目的性行动(Purposive Action)中被获取的或被动员的、嵌入在社会结构中的资源"[92]，也就是说社会资本是被动用，产生经济价值的社会网络关系，创业融资活动既然要嵌入特定的社会关系之中，就必然受社会资本的影响和制约。Granovetter 将嵌入分为关系嵌入（Relational Embeddedness）和结构嵌入（Structural Embeddedness）[93]，并指出正是由于两种嵌入网络，经济行为主体之间产生信任与互动，限制了机会主义行为，从而推动交易的顺利进行。

1. 关系型嵌入

关系型嵌入是创业资金供需双方有过直接交往的经历，通过"面对面"的交往，对各自成长背景、人品、声望、价值观等有充分的了解，从而信任关系产生，为资金供求双方能够达成借贷关系奠定了基础。在创业资金供需双方往复交往的过程中，创业资金供给方有机会对创业者从事的行业有充分的了解，对行业的发展有正确的判断。在往复交往过程中，创业资金供给方也对创业者知识、经验、能力等人力资本存量有充分的了解，这样就消除了信息不对称现象，创业资金供给方凭借这些充分的信息做出正确决策。关系型嵌入产生信任，资金供求双方达成一致的源泉是基于往复交往的过程。双方交往的不断往复，迫于担心报复行为的出现，将减少机会主义行为，使信任关系得以建立。这种信任关系是建立在信息交流、情感交流基础上的个人信任，互惠是信任关系得以保持的前提和基础。

社会资本是投入到生产经营中去的社会网络，社会资本存在于社会关系之中。拥有较多社会资本存量，尤其是拥有较多关系维社会资本的创业者，通过与相关主体密切联系、频繁交流，与之形成一致的心理契约，相互认可。拥有较多社会资本的创业者更可能会把创业融资行为嵌入所拥有的社会网络之中，并从中获取经济资本。

2. 结构型嵌入

仅靠通过业务关系、借贷关系、协调关系、人际关系等与相关主体建立直接的关系是有限的。创业者虽然与之没有直接的关系，但利用在社会网络的位置，通过第三方与其他主体建立联系，并把包括创业融资在内的经济活动嵌入其中,这就是结构性嵌入。结构型嵌入一方面使创业者拥有更加广泛的社会关系,从而增加了创业融资渠道,使创业者更可能获取创业资金;另一方面,结构型嵌入依赖自身和第三方的信誉使网络中的信任关系得以延伸,从而提高了融资的可能性。由于融资双方间没有直接交往的经验,而是通过第三方间接地获取信息,融资双方根据这些信息提取可信因素,信任者和被信任者的期望总是建立在某种共同特征之上[94],更可能与具有某种共同特征的"陌生人"建立联系,从而使信任关系得以建立。这种信任关系是以个人信誉、口碑为基础的个人信任,通过结构型嵌入使信任得以延伸。

拥有较多结构性社会资本存量的创业者,利用在社会网络中的位置优势,与相关主体产生互动,并得到其认可,在相关主体的帮助和支持下,与更多的主体建立联系,扩大社会网络范围,从而为获取经济资本奠定良好的基础。拥有较多认知社会资本存量的创业者,由于与相关主体拥有共同的价值观、信仰、规范,与相关主体具有"共同语言",他更容易交流,相互信赖,产生信任关系,使从相关主体获取创业资金的可能性大大增加。

3.2.3 产业集群与信任

产业集群是大量具有密切联系、产业相关且具有共同利益的企业、大学、银行、研究所等机构在空间上的聚集。产业集群内创业者在当地政府和协会的推动下,与其他主体的交流更频繁,关系更加紧密,加强了关系型社会资本。这促使集群内创业者通过社会网络获取创业资金的可能性更大。产业集群优化和发展了社会资本,产业集群内相关机构在空间上的大量聚集,使创业者容易与更多的相关主体产生互动,提升结构社会资本存量,而且产业集群规模越大,创业者结构性社会资本存量也就越大。产业集群内企业由于产业相关性,使其拥有共同的经济利益。随着集群的发展,集群内企业拥有共同的行为规范、价值观、信仰等,使集群内创业者认知社会资本存量大大提升,认知社会资本存量与集群的发展程度呈正相关关系。产业集群由于丰富和发展了结构性社会资本和认知性社会资本,使集群内企业更容易建立信任关系,从而提高了融资的可能性。楼瑜、程璐(2006)对绍兴纺织、大唐袜业和嵊州领带的调查显示:94%的企业认为集群给企业融资带来了便利[95]。

产业集群的发展实践表明,随着集群中各企业交易频率的增加,交易信息的积累及其集群系统内部各种规章、制度日益健全,企业间信任机制呈现出从个人信任向制度信任跃迁的动态发展过程[96]。产业集群为规范企业在交易中的各种行为,会利用制度的作用对群内企业行为进行约束,通过制度加大对欺诈行为的打击力度,增加欺诈者的成本,群内企业一旦采取欺诈行为将会受到处罚,使其不再产生欺诈的想法。这时企业间的信任是建立在制度基础上的,制度促使融资双方保持信任。

产业集群、社会资本与信任、创业融资的关系如图 3.3 所示。

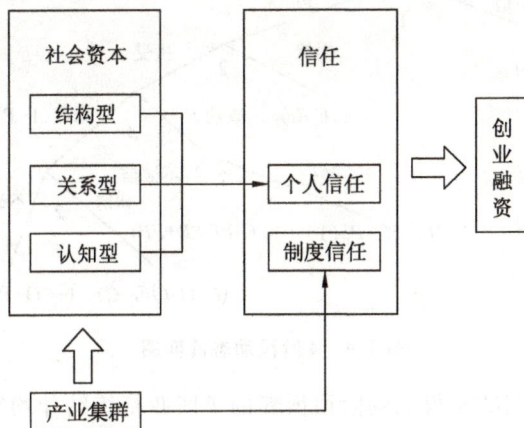

图 3.3　产业集群、社会资本与信任、创业融资关系图

3.2.4 创业融资博弈模型

1. 创业融资动态博弈模型

创业资金供给方可选择借给创业者资金，也可以选择不借给创业者资金。假设 a 为银行利率，F 为资金量，b 为借款利率，R_0 为工资性收入，R 为创业成功收益。在不借给创业者资金的情况下，可把此项资金投入风险很低的银行，获取收益为 aF；在借给创业者的情况下，创业者可选择接受和不接受，不接受的情况下双方收益与不借相同。创业者接受了创业资金后会遇到两种情况：一是创业成功，假设概率为 P；二是创业失败，则概率为 $(1-P)$。在创业成功的情况下，创业者可选择诚实，按承诺支付借款费用 bF，也可以选择不诚实，即不还钱和利息。在创业失败的情况下，创业者可选择诚实，根据自己支付能力给予资金供给方适当的补偿 C，也可以选择不诚实，不支付补偿。这样就形成了 4 阶段动态博弈模型，如图3.4 所示。

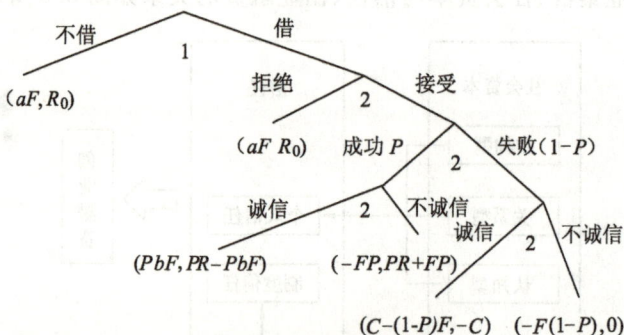

图 3.4 4 阶段动态博弈图

用逆向归纳法得到的阶段博弈的子博弈精炼纳什均衡为：资金提供方不愿意借资金给创业者。虽然，此结果令人失望，但却和现实相符，正式金融机构放款给创业者的积极性不高。

2. 制度信任对创业融资的影响

政府、协会等组织为产业集群的可持续发展和整体竞争力的提升，采取制度方式对不诚信行为进行约束，假如对创业者不诚信行为给予 dF 的处罚，在创业成功的情况下，创业者愿意诚信的条件为 $d > P(1+b)$；在创业不成功的情况下，创业者愿意诚信的条件为 $d > C/F$。创业者诚信时，资金供给方愿意提供资金的条件为 $a < [PbF + C - (1-P)F]/F$。

由以上分析可知，当对不诚信行为进行适当处罚的条件下，创业者是愿意采取诚信行为的。当创业者诚信的条件下，借款的收益处于适当水平时，资金提供方是愿意借出资金的。

3. 个人信任对创业融资的影响

设定创业资金供需双方同处于一个区域产业集群，创业融资行为嵌入特定的社会网络之中，由于集群稳定的环境和供需双方往复的交往，个体之间建立信任，从而创业融资博弈会重复发生。重复博弈中的参与者每一次博弈的依据是上一轮博弈的经验，都把新一轮博弈的收益看作前一轮博弈收益的一部分。假如重复博弈的总收益为 π，引入贴现因子 $r(0 < r < 1)$，总收益是所有阶段博弈收益序列 $\pi_1, \pi_2, \pi_3, \cdots, \pi_k$ 的现值之和，即

$$\pi = \pi_1 + r\pi_2 + r^2\pi_3 + \cdots + r^{k-1}\pi_k$$

假如第一阶段创业者采取诚信策略，由于创业者诚信资金供给方愿意提供资金，并且会使创业者继续诚信，使这种博弈无限进行下去。假如创业者诚信是各阶段的最优选择，创业者在无限次重复博弈中的纯收益为 π_e，就有：

$$\pi_e = PR - PbF - (1-P)C + r\pi_e$$

$$\pi_e = [PR - PbF - C(1-P)]/(1-r)$$

假如第一阶段创业者采取不诚信策略，由于创业者的不诚信资金供给方不再愿意提供资金，创业者仅获得一次资金获得的超额收益。此时，创业者在无限次重复博弈中的纯收益为 π_s，就有：

$$\pi_s = PR + R_0 (1 - r^n)/(1 - r)$$

n 趋向无穷大时,由于 $0 < r < 1$,有

$$\pi_s = PR + R_0/(1 - r)$$

重复合作博弈的条件为 $\pi_c > \pi_s$,

$$r > [R_0 + PbF + C(1 - P)]/PR$$

由以上分析可知,在一定条件下,创业资金供需双方经过重复博弈会逐渐趋向合作。这一条件是衡量近期收益和长期收益的结果,当创业者看重长期收益时,双方才会选择长期合作。而当创业者放弃创业就业的收益 R_0 越小,约定的收益率 b 越小,放贷资金 F 越小,不成功创业者诚信负担 C 越小,创业成功的概率 P 越大,创业收益 R 越多,双方相互信任对贴现因子 r 的要求越低,双方逐渐达成合作的可能性就越大。

3.2.5 结论与政策建议

拥有较多社会资本存量的创业者将创业融资行为嵌入社会网络之中,在与相关主体不断往复的交往中建立了个人信任关系。由于博弈是重复进行的,在相关主体重视长期收益的条件下,因惧怕报复行为的发生,使创业者遵守承诺,避免机会主义行为的发生,从而创业融资得以实现。

产业集群对信任、创业融资的影响是双重的。一方面,产业集群优化和发展了创业者社会资本,集群内创业者信任关系得以强化。另一方面,随着产业集群的不断发展,集群内企业信任呈现由个人信任向制度信任发展趋势,加大了集群内创业者欺诈成本,促使集群内创业者自觉遵守承诺。信任机制的建立和完善,使创业融资成为可能。

社会网络成为创业融资的重要渠道,是由于资金供给双方往复交往,重复博弈,个人信任得以建立。首先,政府应采取措施,构建

银企沟通平台,促使企业双方能互相了解,信息公开,使创业者融资活动能嵌入包含金融机构的社会关系之中。其次,政府应构建创业者诚信档案。诚信档案一方面为创业资金提供者提供信息参考,减少出资风险。另一方面也将减少创业者机会主义行为的发生,使创业融资在良好的信任环境中进行。再次,政府还应加强法律法规建设和鼓励行业协会等非正式组织的发展,通过法律法规和行业协会,加大对不诚信和欺诈行为的惩罚力度,使信任机制得以建立,使创业融资成为可能。最后,政府还应采取措施促进产业集群的发育和升级,产业集群的发展一方面使资金供需双方利用地缘关系增加交往的频率,增强相互社会资本,使借贷资金博弈重复发生,从而信任机制建立,融资成为可能。另一方面,产业集群升级后制度信任组建完善,使创业融资获得制度保障。

3.3　科技创业企业知识产权质押融资信号博弈研究

3.3.1　研究背景

科技创业企业由于其在科技成果转化、技术创新、经济转型及区域经济发展方面的重要作用,近年来逐渐成为学术界、政府部门关注的热点。科技创业是将知识创新的成果孵化为新技术和企业的创业,科技成果转化为新技术需要数额较大的研发费用,新技术转化为新产品并投放市场需要数额较大的生产费用与市场推广费用,而科技创业者大多来自科技型员工,资源禀赋匮乏,仅有技术、专利、著作权等未经核实的人力资本,资金匮乏成为制约科技创业的最大障碍。鲁西耶(Lussier)总结了影响创业成败的 15 个关键要素,资金取得排在首位[97]。

科技型创业者资源禀赋的匮乏,商标权、专利权、版权、技术秘密等自主知识产权是企业财产的主要甚至全部组成部分,知识产权质押融资成为科技型创业者现实选择[98]，知识产权质押融资成为科技绿色创业企业融资的主渠道。而知识产权作为一种无形资产存在评估难、变现难等问题，科技绿色创业企业在经营过程中更存在技术、市场价值、经营业绩等不确定风险，科技绿色创业企业知识产权抵押融资的高风险性与银行贷款业务的安全性原则相违背，知识产权质押融资仍然摆脱不了"叫好不叫座"的尴尬境地。2006 年 1 月至 2011 年 6 月全国累计实现专利权质押 3 361 件，质押金额达人民币 318.5 亿元[99]，这虽然在一定程度上缓解了科技绿色创业企业的融资难题，但对于几十万家科技中小企业所拥有的 20 余万件发明专利相比，知识产权质押融资确实还有很长的路要走。

科技成果的市场价值及风险性对于科技创业者来说属于私人信息，这些信息对于银行来讲是不可知的。科技创业者为了获取银行贷款，通常会通过申请知识产权无形资产评估的方式证明其市场价值。商业银行自身由于缺少专业人员和技能而不得不聘请评估机构合作控制估值风险，而评估中介市场发育和监管不充分，使知识产权评估出现随意性和盲目性特征[100]。这使科技创业者夸大知识产权价值成为可能。本研究运用信号博弈理论，构建科技创业者与银行不完全信息下的动态信号博弈模型，讨论不同类型科技创业者和银行选择和收益，进而提出促使知识产权质押融资顺利开展的策略和建议。

3.3.2　理论分析

国内外对知识产权质押融资的研究主要集中于知识产权质押融资模式研究、知识产权质押融资制约因素研究及知识产权质押风险研究 3 个方面。

谢晋（2011）研究了外国知识产权融资模式，认为债务融资和信用加强是日本企业进行知识产权融资的两种主要模式，而美国进行知识产权融资的主要方式为金融财务管理公司和信用保证。范芳妮(2011)总结了我国知识产权质押融资实践经验,按照知识产权在融资中的不同作用方式将知识产权质押融资的方式分为:直接质押融资的"北京模式"、间接质押融资的"浦东模式"、直接质押和间接质押结合的"武汉模式"等。

知识产权质押融资制约因素的研究主要从知识产权价值、融资环境两个方面展开的。例如,Reilly & Sehweihs(2010)从收入、资本化率、知识产权寿命周期、剩余收入和税收 5 个方面研究知识产权价值[101]。Paul & David(2009)从专利、商业秘密、版权、商标的法律属性出发,分别分析了包括法律、商业、财务等三方面的知识产权价值影响因素[102]。知识产权质押融资环境多是从法律环境、市场环境展开。任颖洁(2012)研究发现,知识产权质押融资法律保护不明确,《专利法》《著作权法》《商标法》及出台的各项有关执行办法由于出自不同部门,实施时间不一致,法律法规间缺乏统一的协调性[103]。刘沛佩(2011)认为知识产权交易市场的功能不健全是影响知识产权质押融资的重要影响因素[104]。

Berger & Udell 认为信息不对称是中小企业融资风险的主要来源,中小银行可以通过长期与企业保持紧密的联系,建立"关系信贷"控制风险[105]。可通过建立信誉链,减少或消除中小企业与金融机构之间的信息不对称[106]。张敬惠(2006)认为,信息不对称和金融制度供给不足是我国中小企业发展的制约瓶颈,建立有效的信用担保制度是解决中小企业融资难的根本途径[107]。

从上述研究文献可知,信息不对称是科技型创业企业知识产权质押融资的主要障碍这一结论虽然已被公认,但现有的研究大多是从静态的视角看待信息不对称问题,而对于知识产权价值信息传递的次序及不完全信息条件下的动态博弈行为少有涉及。针对这方面研究的不足,本研究应用信号博弈模型,研究不完全信息条件下科技创业者对拥有知识产权发出"高价值"信号、"低价值"信号的行为策略选择与银行"提供贷款""不提供贷款"行为策略选择问题。

3.3.3 模型构建

1. 模型假设

建模需做出如下假设：

(1) 假设创业者和银行都是理性的,都是以各自利益最大化为目标。

(2) 假定创业者的初始状态有两种类型:① 拥有高价值知识产权的企业(T_1);② 拥有低价值知识产权的企业(T_2)。

(3) 假定创业者发出的信号集为 $M=(M_1,M_2)$,其中 M_1 为高价值知识产权声明,M_2 为低价值知识产权声明。

(4) 银行无法事先有效辨别信号的真假,只能根据后验概率决定自己行为策略。

(5) 银行遵循收益与风险成正比的投资理念,当创业者宣称为高价值知识产权时,愿意以较低利润提供贷款。

(6) 银行的行为集为 $A=(A_1,A_2)$,A_1 为贷款,A_2 为不贷款。

(7) 假设拥有高价值知识产权的企业和拥有低价值知识产权的企业的创业自有资金量相等。

(8) 假定企业拥有的知识产权为银行的抵押品,因此,如果企业的知识产权不能转化,则用拍卖知识产权的价值偿付银行本息。

(9) 假设银行对其认为是拥有高价值知识产权的企业提供的贷款利率是 r_1,而对其认为是拥有低价值知识产权的企业提供的贷款利率是 r_2,且 $r_1 < r_2$。

2. 模型构建

模型构建分 3 个阶段：

第 1 阶段,自然(n)分配企业类型,类型分为拥有高价值知识产权的科技创业者和拥有低价值知识产权的科技创业者两种。科技创业者知道自己属于哪种类型,而银行不知道属于哪种类型,仅知道其概率分布。假定银行知道其概率分布为 $P(T_1)=b_1$，$P(T_2)=b_2$，且 $b_1+b_2=1$。

第 2 阶段，创业者根据本企业现有状况选择发出 M_1 高价值知识产权声明，M_2 低价值知识产权声明。

第 3 阶段，银行接收到创业者声明后，使用贝叶斯法则从先验概率 $P=P(T)$ 得到后验概率 $P=P(T|M)$，决定自己的策略，选择 A_1（提供贷款）或 A_2（不提供贷款）。

当 $T=T_1$，创业者肯定发出 M_1 信号。假设高价值知识产权创业成功率为 P_h，创业成功的收益为 R_h，创业企业投入的自有资金为 C，银行提供贷款为 D_h，利率为 r_1。高价值知识产权交易价值为 E_1。当银行提供贷款的情况下，创业企业收益为 $P_h R_h - r_1 D_h - D_h - C$，银行收益为 $P_h r_1 D_h + (1-P_h)(E_1-D_h)$。当银行不提供贷款的情况下，此项技术无法转化为市场价值，双方收益都为 0。

当 $T=T_2$，创业者可发出 M_1，也可发出 M_2。假设低价值知识产权创业成功率为 P_L，创业成功的收益为 S，$S=P_L R_L + Y$，对于低价值知识产权的企业而言，其投资于知识产权的只是自有资本加上从银行所获贷款的一部分，所获得的收益是 $P_L R_L$。另外，可能将另一部分用于其他投资（理性的投资者不会闲置这部分贷款），所获得的投资收益是 Y。低价值知识产权的企业为了将自己伪装成拥有高价值知识产权的企业，需要支出掩饰成本 C_0。创业企业投入的成本为 C，银行提供贷款为 D_h，利率为 r_1。因此，在银行提供贷款的情况下，创业企业收益为 $S - r_1 D_h - D_h - C - C_0$，银行的收益为 $P_L r_1 D_h + (1-P_L)(E_2-D_h)$。当银行不提供贷款的情况下，此项技术无法转化为市场价值，但创业者需要支付成本 C_0。

在创业者发出低价值知识产权信号情况下，当银行提供贷款的情况下，创业企业收益为 $P_L R_L - r_2 D_L - D_L - C$，$r_2 > r_1$，这是因为如果企业拥有高价值知识产权，那么该企业的未来偿债能力一般是可以得到保障的，故而银行可以更低的利率提供更多的贷款，这时的

银行收益为 $P_L r_2 D_L + (1-P_L)(E_2-D_L)$。当银行不提供贷款的情况下,此项技术无法转化为市场价值,双方收益都为 0。

由以上分析,可得出扩展型博弈树,如图 3.5 所示。

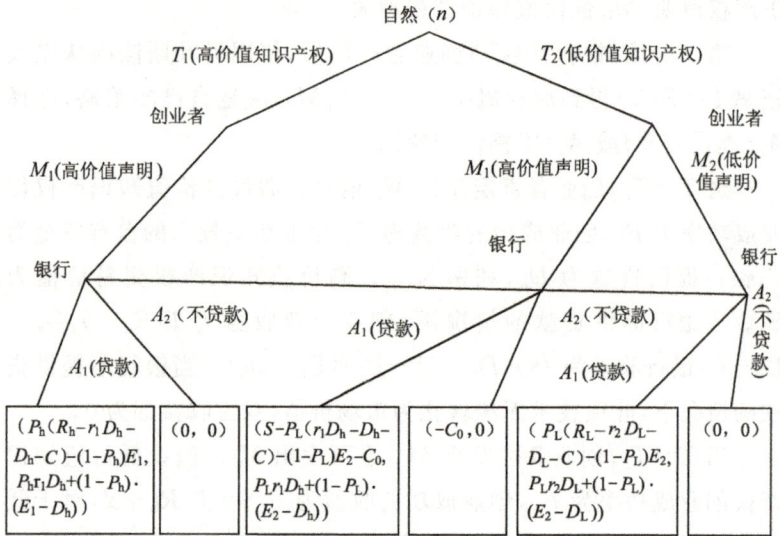

图 3.5　扩展型博弈树

3.3.4　模型求解与分析

1. 创业者分离策略

创业者采取分离策略时,创业者将如实反应自身的信息状况,企业类型为 T_1 时,发出 M_1 信号;类型为 T_2 时,发出 M_2 信号。在这种情况下,银行的判断为 $P(M_1|T_1)=1$,$P(M_2|T_1)=0$,$P(M_2|T_2)=a_1$,$P(M_1|T_2)=a_2$,$a_1+a_2=1$。则:

$$P(T_1|M_1)=b_1/(b_1+b_2 a_2)$$

$$P(T_2|M_1)=b_2 a_2/(b_1+b_2 a_2)$$

$$P(T_1|M_2)=0$$

$$P(T_2|M_2)=1$$

故而,银行选择贷款的期望收益为:

$$E(A_1) = [b_1/(b_1+b_2a_2)] \times [P_h r_1 D_h + (1-P_h)(E_1-D_h)] +$$
$$[b_2a_2/(b_1+b_2a_2)] \times [P_L r_1 D_h + (1-P_L)(E_2-D_h)] +$$
$$P_L r_2 D_L + (1-P_L)(E_2-D_L)$$

银行选择贷款的期望收益为 $E(A_2)=0$。

当 $E(A_1) \geqslant E(A_2)$ 时,银行会选择进行贷款。显然, E_1-D_h 的上限应该是应偿还的利息,其下限应该是 $-D_h$。 E_2-D_h, E_2-D_L 的上下限值可以类推。因此,可以看出 $E(A_1)$ 既可能大于 0,也可能小于 0,或等于 0。不过,考虑到在现实中,企业的抵押品价值总是高于本金的价值(至少不低于本金的价值),因此,可以认为 $E(A_1) \geqslant 0$。在这种情况下,贷款决策显然是银行的占优决策。

当 $P_L R_L + Y - P_L(r_1 D_h + D_h + C) - (1-P_L)E_2 - C_0 < P_L(R_L - r_2 D_L - D_L - C) - (1-P_L)E_2$

即当 $Y - P_L(r_1 D_h + D_h) - C_0 < P_L(-r_2 D_L - D_L)$ 时,有

$$Y - C_0 < P_L(r_1 D_h + D_h - r_2 D_L - D_L)$$

其中, $r_1 < r_2$, $D_h > D_L$。

很显然,如果企业伪装所获得的额外净收益 $(Y-C_0)$ 越小,而高额贷款的本息 $(r_1 D_h + D_h)$ 与低额贷款的本息 $(r_2 D_L + D_L)$ 差额越大,则拥有低价值知识产权的企业选择低价值声明的可能性越大。

2. 企业采取混同策略

在这种情况下,不管是拥有低知识产权的企业,还是拥有高知识产权的企业,都会选择发出高知识产权的声明。这样的策略会产生低效率的结果和社会资源的浪费。

在这种情况下,银行的占优策略还是进行贷款。而要让拥有低知识产权的企业选择发出低知识产权的声明,则需要 $Y - C_0 \geqslant P_L(r_1 D_h + D_h - r_2 D_L - D_L)$。

因此,如果拥有低知识产权的企业存在着其他的好的投资机会,从而急需资金,那么该企业会有足够大的动力进行骗贷的工作。

如果拥有低知识产权的企业伪装的成本较小,它也会有较大的动力去从事伪装的工作。另外,当拥有低知识产权的企业伪装成拥有高知识产权的企业时,所要偿付的本息之和($r_1 D_h + D_h$)较低时,该企业不会太担心以后的本息偿还问题,这会激励该企业伪装成拥有高知识产权的企业,从而获得更多的贷款。

3.3.5　研究结论

(1) 科技创业成功率是影响知识产权质押资金安全的重要因素,银行在进行贷款审查时不仅应对知识产权本身进行评估,更要对创业能力进行考察。

(2) 知识产权交换价值是银行抵御创业失败风险的主要方式,而知识产权交换价值与知识产权交易市场的成熟度有重要关系。

(3) 知识产权质押融资利率是银行抵御高风险的方式,在科技创业成功的前提下,科技创业的高附加值特征足以支付较高的贷款利率。

(4) 创业者对抵押的知识产权提供虚假信息时,创业者对创业项目并非没有信心,银行对高、低知识产权贷款态度是诱使创业者提供虚假信息的重要因素。

(5) 如果对伪造知识产权价值行为不采取惩罚性措施,让这种虚假行为任意蔓延,将会大大影响银行对科技绿色创业企业贷款信心。

(6) 科技创业者投入资金数额是科技创业者信心的重要表征。银行可据此信号修正策略,对投入资金较大的项目,银行可提供贷款;而对于低投入或零投入的科技创业项目,银行应较为慎重。

3.4　基于创业投资视角的创业企业家资源禀赋模糊综合评价

公司创业投资（Corporate Venture Capital，CVC）指的是那些大公司对外部新创企业，特别是高新技术企业进行的权益性投资[108]。创业企业家资源禀赋是创业成功与创业企业绩效的关键性影响因素，也是创业投资公司决策的重要依据。"投资于二流技术、一流经营人才的公司，要胜于投资于一流技术、二流经营人才的公司"，这是创业投资业的一条黄金定律[109]。创投界知名的传奇人物 Arthur Rock 也说过："我投资的对象是人，而不是构想。"然而，现有的研究多是集中在创业企业家资源禀赋的概念和构成，以及创业企业家资源禀赋对于创业成功的作用等方面，而缺乏从创业投资的角度对创业企业家资源禀赋进行研究，导致对创业企业家资源禀赋评价缺乏科学的理论基础。

3.4.1　现有文献综述

资源禀赋学说最早由瑞典经济学家赫克歇尔（Heckscher，1919）和俄林（Beifil Goffhand Ohlin，1933）提出，核心思想是：各个国家的资源禀赋存在差异，有的劳动资源丰富，有的自然资源丰富，有的资本资源丰富，各个国家分工生产使用本国最丰富的生产要素的产品，经过国际贸易，各国获得最大的福利。Patrick Firkin（2001）把资源禀赋的概念引入创业管理领域，认为创业企业家资源禀赋构成包括经济资本（Economic Capital）、人力资本（Human Capital）和社会资本（Social Capital）三部分[110]。经济资本是企业家所有的可直接变现的各种财务资产的总和。企业家人力资本由一般人力资本与特殊人力资本构成。一般人力资本包括个体受教育背景、以往的工作经验及个性品质特征;特殊人力资本包括产业人力资本(与特定产业相关的知识、技能和经验)与创业人力资本(先前的创业经验或创业背景)[111]。社会资本是一种嵌入社会网络的资源优势,它不仅取决于主体所处网络关系的结构,而且取决于网络关系的特征,并在一定程度上制约着主体所能接触到的信息和所能调动的资源水平[112]。

我国学者彭华涛、谢科范(2005)在 Patrick Firkin 研究的基础之上,探讨了创业企业家资源禀赋与资本积聚、机会认知、创业决策的关系,论证了创业企业家资源禀赋的重要性[113]。杨俊、张玉利(2004)把创业企业家禀赋应用于创业行为过程研究,发现创业是基于企业家资源禀赋演变的机会驱动行为过程,并指出企业家资源禀赋差异是导致微观创业行为异质性的根本原因[114]。

综上所述,创业企业家资源禀赋关系到创业机会识别、创业决策与创业行为,是影响创业企业绩效的重要因素,也是创业投资决策的关键依据。

3.4.2 创业企业家资源禀赋评价指标体系

为全面反映创业企业家资源禀赋,准确预测创业投资项目前景,这里对 Patrick Firkin 提出的创业企业家资源禀赋构成情况做出修正,并形成创业企业家评价指标体系(表3.4)。

1. 经济资本

创业投资收益的滞后性决定了企业初创阶段需要资金支持,然而创业初期企业又很难获取足够的资金,中小企业在发展初期遇到的资金缺口被称为"麦克米伦缺口"。因此,经济资本是创业成功的物质基础,是制约创业者创业成功的关键性因素。虽然,经济资本对于创业十分重要,但从创业投资的角度评价创业企业家资源禀赋时就没有必要将其考虑进去,原因是创业投资的一个重要前提就是初创企业存在"麦克米伦缺口",否则初创企业就不会寻求创业投资,创业投资方也没有对创业企业家进行评价的必要。

2. 心理资本

早期的创业研究,主要集中在通过创业者个性特征和心理学方面的特征来解释创业活动,主要研究的问题是"谁是创业者"。研究结果大多是,创业者被认为是拥有一组特定的个性特征。一些学者认为创业者具有的个性/心理特征(McClell,1961,1986;Schere,1982;Sexton,Bowman,1985)为成功需求、内控点、高风险偏好、高模糊容忍度等[115]。美国"卡鲁创业企业家协会"对 75 位创业企业家所做的研究发现,企业家心理素质特征大体可归结为 11 个方面:健康的身体,控制及指挥的欲望,自信,急迫感,广泛的知识,脚踏实地,超人的能力,崇高的理想,客观的人际关系态度,情绪稳定,迎接挑战。不同的学者由于研究的样本和研究方法的不同,导致得出不同的结论。理论和研究结果表明,这些单个的心理能力背后有一个核心构念——心理资本。心理资本的概念是 Luthans 等人以积极心理学(Positive Psychological)和积极组织行为学(Positive Organizational Behavior)的观点和思考框架,在分析经济资本、人力资本和社会资本的特点和区别后提出的,以积极心理力量为核心的概念。Luthans 和 Youself 明确表示,心理资本由自我效能感(或自信)、希望、乐观和坚韧性 4 个维度构成[116]。本研究应用心理资本理论框架,按照可测量、可开发、与创业绩效相关等心理资本标准,对创业企业家个性、心理研究结论进行梳理,形成心理资本评价指标体系,见表 3.4。

表 3.4　创业企业家资源禀赋评价指标体系

一级指标	指标符号	二级指标	指标符号	三级指标	指标符号
心理资本	U_1	自我效能（自信）	U_{11}	承担风险	U_{111}
				有实现成就的需要	U_{112}
				迎接挑战	U_{113}
		希望	U_{12}	目标导向	U_{121}
				内控性	U_{122}
		乐观	U_{13}	自我评估识别商机能力	U_{131}
		坚韧性	U_{14}	韧性	U_{141}
				进取性	U_{142}
人力资本	U_2	一般人力资本	U_{21}	健康状况	U_{211}
				教育程度	U_{212}
				工作经验	U_{213}
		特殊人力资本	U_{22}	产业相关知识	U_{221}
				产业相关技能	U_{222}
				产业经验	U_{223}
				创业经验	U_{224}
社会资本	U_3	社会网络资源	U_{31}	网络规模	U_{311}
				网络成分	U_{312}
				网络密度	U_{313}
		网络资源动用能力	U_{32}	信任度	U_{321}
				声誉	U_{322}
				政治身份	U_{323}

3. 人力资本

1960 年,西奥多·W. 舒尔茨在就任美国经济学会主席时,发表了《向人力资本投资》的演说,人力资本理论研究正式拉开帷幕。人力资本理论认为:人力资本的作用大于物质资本的作用,教育和培训是提高人力资本最基本的主要手段,人力资本与经济增长、个人收入存在正相关关系。

创业企业家人力资本是凝聚在创业企业家身上,并在劳动过程中所体现出来的体力、知识、技能等。刘萍萍(2005)对创业企业家人力资本与创业企业绩效的关系进行了研究,得出创业企业绩效主要源于创业企业家能力水平及其生产性努力的结论[117]。创业企业家人力资本存量是创业成功的关键性因素,对创业企业成长和绩效有着重要影响,创业企业家人力资本评估是创业投资评估的重要内容。创业企业人力资本是创业企业家人力资本的一般,创业企业家人力资本是人力资本的特殊,基于此,创业企业家人力资本评估可从一般人力资本和特殊人力资本两个方面进行。

4. 社会资本

企业家创业活动发生在特定的社会网络中,在创建新企业的过程中,除了需要经济资本、人力资本、心理资本外,还需要社会资本。越来越多的学者开始关注创业企业家社会资本与创业活动之间的关系。王海光、刘胜强(2006)以一个嵌入性的视角研究发现社会资本与其他资本一样,在企业的创业和发展中起着至关重要的作用,能够弥补货币资本、人力资本和市场需求的不足[118]。杨俊、张玉利(2008)探讨了创业者社会资本特征与创业机会属性之间的联系,认为创业者的社会资本通过两条路径影响创业初期的绩效:一是创业者利用社会资本水平;二是创业者利用社会资本的方式[5]。众多研究发现,社会资本是影响创业活动行为、创业绩效的重要因素。

由于学者们的研究视角不同,他们对社会资本的概念和构成还没有达成一致意见。关系网络说、诚信与准则说、资源说与能力说都得到一定的体现[119]。布朗根据研究对象的不同把社会资本分为微观社会资本、中观社会资本和宏观社会资本。创业企业家社会资本作为微观社会资本主要是通过建立社会关系来获得所需要的资源,其社会资本的大小不仅取决于拥有的社会资本的情况,还取决于动用社会资本的情况[120]。根据企业家社会资本的研究状况,主要从社会网络资源与网络资源动用能力两个方面评价创业企业家社会资本状况。

3.4.3 基于模糊综合评判法的评价模型

创业企业家资源禀赋评价指标体系中,只有少数指标可以精确量化,大多数指标是定性的,随着量变逐步过渡到质变,无法划出一条明确的分界线,评价要素具有一定的模糊性,通常只能用等级概念来表述,所以可以采取模糊综合评判法进行评价。模糊综合评价就是以模糊数学为基础,应用模糊关系合成的原理,将一些边界不清、不易定量的因素定量化,从多个因素对被评价事物隶属等级状况进行综合性评价的一种方法[121]。

1. 确定评价因素集

评价因素集是创业企业家资源禀赋评价指标的集合。由于评价指标体系具有 3 个层次,所以评价因素集具有 3 个层次,即

$$U = \{U_1, U_2, U_3\}$$
$$U_{ij} = \{U_{i1}, \cdots, U_{im}\}$$
$$U_{ijt} = \{U_{ij1}, \cdots, U_{ijn}\}$$

其中,m 为 U_i 中因素的个数,n 为 U_{ij} 中因素的个数。

2. 确定评语等级论域

评语等级论域代表综合评判中评语所组成的集合,它实质是对被评事物变化区间的一个划分,对于各评语等级赋予分值。无论评价因素集包含多少层次,评语等级论域只有一个。设评语等级论域

为 $V=\{差,合格,中,良,优\}=\{1,2,3,4,5\}$。

创业投资方邀请相关专家根据上述评价等级论域对三级指标进行评价,所组成评价集为 $P=\{P_1,P_2,\cdots,P_S\}$,S 为专家人数。假如专家对三级指标进行了评价,形成评价集填入表 3.5。

表 3.5 创业企业家资源禀赋评价表

一级指标		二级指标		三级指标		评价集				
因素	权重	因素	权重	因素	权重	V_1	V_2	V_3	V_4	V_5
心理资本 U_1	0.4	自我效能（自信）U_{11}	0.3	U_{111}	0.2	0.0	0.1	0.1	0.4	0.4
				U_{112}	0.3	0.0	0.0	0.2	0.4	0.4
				U_{113}	0.5	0.0	0.0	0.1	0.3	0.6
		希望 U_{12}	0.2	U_{121}	0.4	0.0	0.0	0.1	0.5	0.4
				U_{122}	0.6	0.0	0.0	0.2	0.3	0.5
		乐观 U_{13}	0.2	U_{131}	1.0	0.0	0.0	0.0	0.3	0.7
		坚韧性 U_{14}	0.3	U_{141}	0.3	0.0	0.0	0.1	0.4	0.5
				U_{142}	0.7	0.0	0.1	0.1	0.3	0.5
人力资本 U_2	0.2	一般人力资本 U_{21}	0.3	U_{211}	0.3	0.0	0.0	0.2	0.4	0.4
				U_{212}	0.4	0.0	0.0	0.1	0.4	0.5
				U_{213}	0.3	0.0	0.0	0.1	0.4	0.5
		特殊人力资本 U_{22}	0.7	U_{221}	0.2	0.0	0.0	0.1	0.2	0.7
				U_{222}	0.3	0.0	0.1	0.2	0.3	0.4
				U_{223}	0.2	0.0	0.0	0.1	0.5	0.4
				U_{224}	0.3	0.0	0.1	0.1	0.3	0.5
社会资本 U_3	0.4	社会网络资源 U_{31}	0.4	U_{311}	0.3	0.0	0.0	0.1	0.4	0.5
				U_{312}	0.3	0.0	0.0	0.2	0.5	0.3
				U_{313}	0.4	0.0	0.0	0.0	0.5	0.5
		网络资源动用能力 U_{32}	0.6	U_{321}	0.4	0.0	0.1	0.1	0.7	0.2
				U_{322}	0.3	0.0	0.1	0.1	0.4	0.4
				U_{323}	0.3	0.0	0.0	0.1	0.4	0.5

3. 确定各指标相应的权重

由于各个指标的重要程度不同,所以要对不同的评价指标赋予不同的权重。权重对于评价结果有重要影响,所以权重的确定是模糊综合评价的重要内容。权重是对指标重要程度进行的赋值,指标集具有层次性,权重集与指标集相对应也同样具有层次性,即有

$$W = \{W_1, W_2, W_3\}$$
$$W_{ij} = \{W_{i1}, \cdots, W_{im}\}$$
$$W_{ijt} = \{W_{ij1}, \cdots, W_{ijn}\}$$

其中,m 为 W_i 中因素的个数,n 为 W_{ij} 中因素的个数。

权重的确定一般有 3 种方法:一是专家会议法;二是德尔斐法;三是层次分析法。对于创业企业家资源禀赋的评价可以采用专家会议与层次分析相结合的方法来确定权重。把确定的权重填入表3.5 中。

4. 综合评价

设 B 为结论集,R 为一级因素评价矩阵,R_{ij} 为二级因素评价矩阵,R_{ijt} 为三级因素评价矩阵,则

$$B_{ijt} = W_{ijt} R_{ijt}$$
$$B_{ij} = W_{ij} R_{ij}$$
$$B = WR$$

由上式计算得:

$$B = (0.4, 0.2, 0.4) \begin{bmatrix} 0 & 0.03 & 0.1 & 0.34 & 0.53 \\ 0 & 0.05 & 0.13 & 0.31 & 0.50 \\ 0 & 0.03 & 0.08 & 0.5 & 0.3 \end{bmatrix}$$
$$= (0, 0.03, 0.10, 0.4, 0.43)$$

综合评价分数 $C = B \times V = 4.31$,对此创业企业家的评价处于良和优之间位次,说明对此创业企业家评价良好。

综上所述,创业企业家资源禀赋是影响创业绩效的关键因素,

是创业投资评价的重要内容。以创业投资的角度研究创业企业家资源禀赋，需要对传统的创业企业家资源禀赋进行一定的修正，形成创业企业家资源禀赋评价指标体系。创业企业家资源禀赋评价指标体系是一个多层次的庞大的指标体系，由于多数指标为定性指标，评价要素存在一定的模糊性，所以可采用模糊综合评价法对其进行评价，将定性评价转为定量评价，用数据说话，大大提高了评价的准确程度，为对创业投资决策提供重要参考。

第 4 章　科技绿色创业行为研究

4.1　基于信号博弈的企业绿色行为研究

4.1.1　研究背景

伴随着经济的快速发展,资源消耗加剧、环境污染严重、生态系统退化等环境问题日趋严重,人类的生存环境面临巨大挑战。环境保护部副部长潘岳曾指出,我国有 1/4 的人口饮用不合格的水,1/3 的城市人口呼吸着严重污染的空气。日益严重的雾霾天气、屡禁不止的废弃物排放使人们对污染性企业深恶痛绝,企业要获得可持续的发展,必须要将资源高效利用、环境保护等因素纳入其发展战略规划中,并提出企业绿色经营策略[122]。标榜为绿色产品能够获取绿色溢价,能够从不断发展的市场中获取收益(Horiuchi,1995),然而,绿色经营策略的高成本投入,绿色产品市场存在的典型信息不对称现象(Kollman,2001),以及消费者监督及惩罚的困难等原因,很多企业采取“漂绿”行为策略代替真实绿色行为策略。2009 年,《南方周末》首次揭露了企业漂绿现象,并连续四年发布了漂绿排行榜。在 2012 年的漂绿排行榜中,《南方周末》指出企业的漂绿行径非但没有收敛,反而层出不穷,甚至屡教不改,而有些企业反复漂绿,“绿”已被滥用,“漂”成窝案。

Kollman(2001)的研究表明,绿色产品市场是典型的信息不对称市场,发布报告的企业是否真正执行社会责任,对公众来说是不可知的[123]。企业宣称的绿色行为对于消费者来说是一种信号,消费者根据接收到的信号选择自己的行动,这是一种典型的信息不完全条件下的博弈行为。本文运用信号博弈理论,构建企业与消费者不完全信息下的动态信号博弈模型,讨论不同类型企业和消费者选择和收益,进而提出促使企业采取真实绿色行为的策略和建议。

4.1.2　文献综述

从研究内容上看,国内外学者研究主要集中于漂绿行为的动因、漂绿行为治理两个方面。一些学者从古典经济学"成本-收益"研究框架出发,研究企业漂绿行为的动因,如 Horiuchi(1995)指出,随着消费者环境意识的加强,对环境友好型产品需求持续增加,标榜为绿色企业可以得到绿色溢价。Bazillier(1998)认为存在漂绿成本时,企业会在真正执行企业社会责任与"漂绿"之间进行权衡选择[124]。李学军从漂绿的成本角度出发,认为"低成本"是漂绿行为的诱因[125]。也有一些学者从绿色市场的信息不对称属性出发研究漂绿行为产生原因。Darby(1978)认为绿色产品具有信任品属性,即使在消费后,消费者也难以做出该产品是否环保的价值判断[126]。Kollman(2001)的研究也表明,绿色产品市场是典型的信息不对称市场,发布报告的企业是否真正执行社会责任,对公众来说是不可知的。信息的不对称性使消费者对企业的真绿与漂绿行为难以判断,一些企业受绿色产品差额利润的诱使采取漂绿的机会主义行为。

学者们普遍认为制度设计是解决漂绿问题的基本思路,但现有的制度设计措施却收效甚微。Carlson(2005)比较了工业化国家的环境广告后发现企业普遍存在机会主义的利用可持续发展观念的行为,并认为目前世界各国普遍缺乏有效的抑制漂绿的制度。Lyon(2008)研究发现对漂绿行为的"集体愤怒"可以促使环境影响显著的企业信息披露更加透明,但是在"清洁行业"中却起到相反的效果[127]。

从研究方法上看,国外学者普遍采用实证方法研究企业环境行为,例如 Ramus 和 Steger(2000)用实证的方法研究了环境承诺与环境行为之间的关系,Arnfalk 和 Thidell(1992)采用实证的方法研究了企业从被动进行环境管理到适应性环境管理演进过程。国内学者普遍采取博弈论的方法来研究漂绿问题。黄中伟(2004)在分析虚假绿色营销时建立了企业和消费者完全信息静态博弈模型[128]。杨波(2012)运用不完全信息漂绿博弈模型,讨论绿色消费品市场中信任对交易和规制政策效果的影响[129]。

在上述漂绿行为研究文献中,都没有涉及不完全信息条件下企业与消费者动态博弈行为研究。本文针对这方面研究的不足,应用信号博弈模型,研究不完全信息条件下企业的真绿与漂绿行为策略选择、消费者购买与不购买行为策略选择问题。

4.1.3 模型构建

1. 模型假设

建模需做出如下假设:

(1) 假设企业和消费者都是理性的,都是以各自利益最大化为目标。

(2) 假定企业的初始状态有两种类型,一种是企业真实进行了绿色行为(T_1),一种是没有进行绿色行为(T_2)。

(3) 假定企业发出的信号集为 $M=(M_1,M_2)$,其中 M_1 为绿色企业声明,M_2 为非绿色企业声明。

(4) 消费者的行为集为 $A=(A_1,A_2)$,A_1 表示购买,A_2 表示不购买。

2. 模型构建

模型的构建分为3个阶段：

第1阶段，自然(n)分配企业类型，类型分为真实进行绿色行为的企业和不进行绿色行为的企业。企业知道自己属于哪种类型，而消费者不知道，仅知道其概率分布。

第2阶段，企业据企业现有状况选择发出 M_1 或 M_2。

第3阶段，消费者接收到企业声明后，使用贝叶斯法则从先验概率 $P=P(T)$ 得到后验概率 $P=P(T|M)$，决定自己的策略，A_1（购买）或 A_2（不购买）。

当 $T=T_1$，企业可发出 M_1，也可发出 M_2，假设绿色产品价格为 J_1，传统产品价格为 J_2，$J_1>J_2$；绿色产品消费者效用为 V_1，传统产品消费者效用为 V_2，$V_1>V_2$。消费者购买企业宣称为绿色产品时获取的收益为 V_1-J_1；消费者购买企业宣称为非绿色产品时，虽然获得绿色产品，但由于价格由市场决定，消费者只要支付传统产品的价格 J_2 即可，此时消费者的收益为 V_1-J_2。

假设企业生产绿色产品需要支付的成本为 C_1，而要宣称企业产品为绿色产品还需要支付绿色认证、绿色宣传等费用，假设这些费用为 C_2。当消费者购买宣称绿色产品时，企业收益为 $J_1-C_1-C_2$；当消费者购买宣称为传统产品时，企业获取收益为 J_2-C_1。

当 $T=T_2$，企业可发出 M_1，也可发出 M_2，消费者购买企业宣称为绿色产品时，假设消费者发现企业虚假信息的概率为 P_1，发觉受欺骗后，消费者可以拒绝再次购买此公司产品以表抗议，也可以向该公司申请索赔以弥补自己损失。假设，消费者拒绝再次购买的概率为 P_2，不再购买给公司带来的损失为 L，消费者申请索赔的概率为 P_3，索赔成功的概率为 P_4，索赔成功将得到的赔偿为 D，索赔成本为 E，此时消费者收益为

$$V_2-J_1+P_1P_3[P_4(D-E)-(1-P_4)E]$$

消费者购买企业宣称为非绿色产品，此时消费者的收益为

$V_2 - J_2$。

假设不存在真实绿色行为企业宣称企业产品为绿色产品需要支付数额为 C_3 的掩饰成本,生产传统产品成本为 C_4。当消费者购买宣称绿色产品时,企业收益为

$$J_1 - C_2 - C_3 - C_4 - P_1 P_3 P_4 D - P_1 P_2 L$$

当消费者购买宣称为传统产品时,企业获取收益为 $J_2 - C_4$。

由以上分析,可得出扩展型博弈树,如图 4.1 所示。

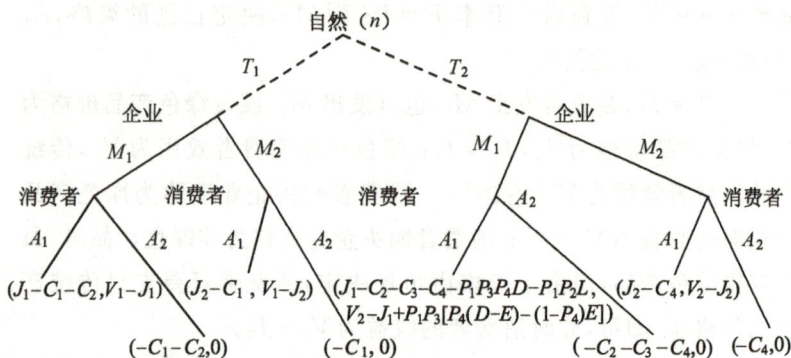

图 4.1　扩展型博弈树

3. 模型求解与分析

(1) 企业分离策略

企业采取分离策略时,企业将如实反应自身的信息状况,即当企业类型为 T_1 时,发出 M_1 信号,类型为 T_2 时,发出 M_2 信号。在这种情况下,消费者的判断为

$$P(M_1 | T_1) = 1, P(M_2 | T_1) = 0, P(M_2 | T_2) = 1, P(M_1 | T_2) = 0$$

消费者的选择为

$$\max_{A_k} \sum_t Uc(T_i, M_i, A_k) P(M_i | T_i)$$

当 $M = M_1$ 时,

$$\max_{A_k} \sum_t Uc(T_i, M_i, A_k) P(M_i | T_i) = \max_{A_k} (V_1 - J_1, 0)$$

当 $M=M_2$ 时，

$$\max_{A_k} \sum_t Uc(T_i,M_i,A_k)P(M_i \mid T_i) = \max_{A_k}(V_2 - J_2,0)$$

由于 $V_1-J_1>0$，$V_2-J_2>0$，因此，当企业反映真实情况时，消费者的最优选择为 $\{(M_1,A_1),(M_2,A_1)\}$。

当消费者的选择为 (A_1,A_1) 时，企业的选择为

$$\max_{M_i} \sum_t Ue(T_i,M_i,A(M_i))$$

当 $T=T_1$ 时，

$$\max_{M_i} \sum_t Ue(T_i,M_i,A(M_i)) = \max_{M_i}(J_1-C_1-C_2,J_2-C_1)$$

当 $J_1-C_1-C_2 > J_2-C_1$，即 $J_1-J_2>C_2$ 时，$M(T_1)=M_1$，也就是说，并不是所有具有绿色行为的企业都愿意进行绿色营销，而只有绿色营销费用能带来超额利润时，才会发出绿色行为的信号，消费者环保意识加强，愿意为环保产品承担额外成本是绿色营销产生的根本动因。这也就解释了环境问题出现之前，鲜有企业主动宣称为绿色企业。

当 $T=T_2$ 时，

$$\max_{M_i} \sum_t Ue(T_i,M_i,A(M_i))$$
$$= \max_{M_i}(J_1-C_2-C_3-C_4-P_1P_3P_4D-P_1P_2L,J_2-C_4)$$

当 $J_1-C_2-C_3-C_4-P_1P_3P_4D-P_1P_2L>J_2-C_4$，即 $J_1-J_2>C_2+C_3+P_1P_3P_4D+P_1P_2L$ 时，$M(T_2)=M_1$，此时企业的选择与绿色营销成本、伪装成本、发现概率、停止重复消费概率、停止消费损失、索赔概率、索赔成功概率、赔偿金及索赔成本有关。其中，发现概率、索赔概率、索赔成功概率、索赔金及索赔成本与政府对漂绿行为的惩罚力度有关，当政府愿意为加大漂绿行为检查力度，通过立法降低消费者维权成本、加大赔偿额度时，企业会选择如实反映自身信息，漂绿行为将罕有发生。停止重复消费概率、停止消费损失与企业所处行业地位有关。当企业处于垄断地位或在行

业中处于绝对优势地位,消费者可选择余地较少,即使漂绿行为被消费者察觉,消费者也无法通过停止购买实现对企业惩罚。

（2）企业采取混同策略

若企业采取混同策略,则消费者的信息推断为

$$P(T_1|M_1)=f, P(T_2|M_1)=1-f$$
$$P(T_1|M_2)=h, P(T_2|M_2)=1-h$$

当 $M=M_1$,消费者的选择为

$$\max_{A_k} \sum_t Uc(T_i,M_i,A_k)P(T_i\mid M_i)$$
$$= \max\{Uc(T_1,M_1,A_1)\}P(T_1\mid M_1)+$$
$$Uc(T_2,M_1,A_1)P(T_2\mid M_1),$$
$$Uc(T_1,M_1,A_2)P(T_1\mid M_1)+$$
$$Uc(T_2,M_1,A_2)P(T_2\mid M_1)\}$$
$$= \max\{f(V_1-J_1)+(1-f)[V_2-J_1+$$
$$P_1P_3(P_4(D-E)-(1-P_4)E)],0\}$$

当企业发出绿色信号时,消费者是否采取购买策略取决于消费者先前判断、绿色产品额外效用,发现绿色欺骗的概率、索赔的概率、索赔概率成功的概率以及索赔收入、索赔成本等因素。当绿色市场是一个诚信市场时,即使缺乏有效抑制"漂绿"的制度,消费者依然会选择标榜为绿色产品的商品。

当 $M=M_2$,消费者的选择为

$$\max_{A_k} \sum_t Uc(T_i,M_2,A_k)P(T_i\mid M_2)$$
$$= \max\{Uc(T_1,M_2,A_1)P(T_1\mid M_2)+$$
$$Uc(T_2,M_2,A_1)P(T_2\mid M_2),$$
$$Uc(T_1,M_2,A_2)P(T_1\mid M_2)+$$
$$Uc(T_2,M_2,A_2)P(T_2\mid M_2)\}$$
$$= \max\{h(V_1-J_2)+(1-h)(V_2-J_2),0\}$$

当企业采取非绿色产品信号的情况下,消费者往往采取购买策略。这反映了经济学中的"劣币驱逐良币"现象。

给定消费者的策略为 $A(M_1) = A_1, A(M_2) = A_1$ 时,当 $T = T_1$ 时,

$$\max_{M_k} Us(T_1, M_k, A_1) = \max\{Us(T_1, M_1, A_1), Us(T_1, M_2, A_1)\}$$

$$= \max\{(J_1 - C_1 - C_2), (J_2 - C_1)\}$$

企业是否选择进行绿色产品宣传取决于绿色产品的额外收益是否大于绿色产品宣传的额外成本。

给定消费者的策略为 $A(M_1) = A_1, A(M_2) = A_1$ 时,当 $T = T_2$ 时

$$\max_{M_k} Us(T_2, M_k, A_1) = \max\{Us(T_2, M_1, A_1), Us(T_2, M_2, A_1)\}$$

$$= \max\{(J_1 - C_2 - C_3 - C_4 - P_1 P_3 P_4 D - P_1 P_2 L), (J_2 - C_4)\}$$

给定消费者的策略为 $A(M_1) = A_2, A(M_2) = A_1$ 时,当 $T = T_1$ 时,

$$\max_{M_k} Us(T_1, M_k, A_i) = \max\{Us(T_1, M_1, A_2), Us(T_1, M_2, A_1)\}$$

$$= \max\{(-C_1 - C_2), (J_2 - C_1)\} = J_2 - C_1$$

当消费者对生态宣传完全丧失信心的情况下,即使企业生产的产品为绿色产品也会宣称为传统产品,绿色产业将遭受毁灭性打击。

当 $T = T_2$ 时,

$$\max_{M_k} Us(T_2, M_k, A_1) = \max\{Us(T_2, M_1, A_2), Us(T_2, M_2, A_1)\}$$

$$= \max\{(-C_2 - C_3 - C_4), (J_2 - C_4)\} = J_2 - C_4$$

当消费者对生态宣传完全丧失信心的情况下,传统产业的企业既不会宣传为绿色产品,也不会加入绿色企业行业,绿色产业将寿终正寝。

4.1.4　研究结论

（1）消费者环保意识加强，愿意为环保产品承担额外成本是绿色营销产生的根本动因。从这个角度出发，漂绿行为的产生反映了绿色产品受到消费者的青睐，消费者普遍具有环保精神，社会可持续发展具有良好的群众基础。

（2）处于垄断地位或优势地位的行业龙头企业即使具有漂绿行为，由于没有可替代产品，消费者也无法通过停止购买实现对漂绿行为处罚。垄断企业或优势企业与中小企业相比更有可能会有漂绿行为倾向。

（3）政府加大漂绿行为检查力度，通过立法降低消费者维权成本、加大赔偿额度是控制企业漂绿行为产生的有效措施。

（4）绿色产品市场是一个诚信市场时，即使缺乏有效抑制"漂绿"的制度，消费者依然会选择标榜为绿色产品的商品。真绿企业需要采用信息公开、主动接受监督、规范认证等方式与漂绿企业严格区分，避免被漂绿企业"误伤"。

（5）当消费者对生态宣传完全丧失信心的情况下，传统产业的企业既不会宣传为绿色产品，也不会加入绿色企业行业，即使企业生产的产品为绿色产品也会宣称为传统产品，绿色产业将遭受毁灭性打击。如果对漂绿行为视而不见，不及时采取措施，消费者对标榜为"绿色"的产品逐渐丧失信心，这将对绿色市场形成巨大冲击，进而严重影响社会可持续发展战略的实施。

4.2　绿色消费与绿色创业演化博弈研究

4.2.1　研究背景

改革开放的 30 余年来，我国经济快速发展，工商企业不断涌现。然而在此过程中资源消耗加剧、环境污染严重、生态系统退化，经济发展与环境保护之间矛盾不断激化,经济社会可持续发展遇到前所未有的威胁。为从源头上扭转生态环境恶化的趋势,国内外学者开始致力于绿色创业研究,创业研究开始与经济领域之外的环境和社会可持续发展主题融合[130,131]。

　　绿色创业机会是绿色创业的根本动机,Quinn(1971)在《哈佛商业评论》上撰文指出"生态活动"不只是经济活动的一种消耗,更能够为企业成长开拓一片富有利润的新市场。该文改变了经济发展与环境保护矛盾的传统观点,认为人们的生态活动中蕴含着创业机会[132]。该观点逐渐得到创业研究者的认同、Hartman & Stafford(1997)认为绿色化并不会成为企业的负担,而是更可能为企业提供发展空间广阔的资源[133]。Dean & McMullen(2007)认为有关环境的市场失灵是获取创业利润的机会,同时又能减少有损环境的经济行为[134]。创业实践者们通过提供清洁技术和环保产品[135](York,Venkataraman,2010),针对环境问题和社会问题提供更加行动领先和创新的解决方案(Parrish,2010)的方式开展绿色实践活动[136]。Senjem & Richards(2010)发现,组织在实施环境保护方面存在差异的主要原因在于创业者的行为[137],他们以"创业式拼凑"(Entrepreneurial Bricolage)的逻辑,利用掌握的环保技术从事创业活动。

　　也有学者是从政策层面分析绿色创业动机的。绿色创业具有降低能源消耗、减少废气排放、减轻环境污染等外部衍生效应,政府采取政府购买、提供资金支持等方式鼓励绿色创业实践活动,采取罚款等措施控制有损于环境保护的商业行为。政府形成逐渐强大的制度压力(Marquis,Glynn,Davis,2007),推动公司进行环境管理,提供绿色产品和服务。

　　然而,绿色创业并不像学者预测的那样开展的那么顺利,例如,2012 年中国的不少光伏企业倒闭,即使无锡尚德、江西赛维、英利等龙头企业也是举步维艰。原因在于新企业创立是个复杂的动态过程,不仅是取决于创业者个人的决策,还受包括消费者、政府等相关利益群体的影响。绿色创业成功的关键是提供的绿色产品或服务要能够得到消费者的认可,消费者购买其提供的绿色产品或服务,才能实现绿色产品或服务的价值,绿色创业企业才能得以生存并获得发展。所以说,绿色创业使绿色消费成为可能,绿色消费能够带动绿色创业,只有两者实现良性互动,绿色经济才能得以持续发展。而消费者也是"经济人",在选择绿色产品或服务时,也需要考虑效益与成本问题。即使具有绿色消费价值观的消费者也不愿意无限制地为绿色消费承担过高成本,据调查,89%的美国公民对其购买产品的环境影响十分关心,其中也只有78%的人愿意为购买绿色产品多支付5%的费用[138]。在什么的条件下,消费者会选择绿色消费?在什么条件下创业企业应采取绿色创业策略?消费者绿色消费与新创企业绿色创业可看作一种博弈行为,可通过建立博弈模型分析消费者绿色消费与创业者绿色创业的演化规律,从而为推动绿色创业的发展提供建议。

4.2.2　绿色创业与绿色消费演化博弈模型的建立

假定在自然环境下演化博弈的双方是新创企业和消费者,双方都是理性的"经济人",新创企业在与消费者博弈的过程中有两种行为可选择:① 绿色创业;② 非绿色创业。同样,消费者在与新创企业博弈的过程中也有两种行为可供选择:① 绿色消费;② 非绿色消费。

如果新创企业采取绿色创业策略,消费者采取绿色消费策略,绿色创业企业提供的产品或服务就有销路,创业企业就有创业成功的可能。假设此时创业成功的概率为 P_1,创业成功获取的收益为 R_1,投入成本为 C_1,政府对绿色创业扶持资金为 F,那么新创业企业获取的收益为 $P_1R_1-C_1+F$。如果消费者采取了非绿色消费策略,那么新创企业提供的绿色产品将没有销路,新创企业将创业失败,此时的收益为$-C_1+F$。

如果新创企业采取非绿色创业策略,消费者采取了绿色消费策略时,新创企业提供的产品由于没有销路,新创企业将创业失败,假如从事非绿色创业投入成本为C_2,政府对从事非绿色创业行业征收数额为G的环境税,此时新创企业收益为$-C_2-G$。如果消费者采取了非绿色消费策略,那么新创企业生产产品将有销路,新创企业就有创业成功可能,假设此时创业成功的概率为P_2,创业成功获取的收益为R_2,那么此时新创业企业获取的收益为$P_2R_2-C_2-G$。

随着环境的逐渐恶化,消费者改善环境的意愿逐步加强,消费绿色产品除了满足于日常需求外,还对环境保护做出了一定的贡献,绿色产品消费对这些消费者来说还具有额外效用,假如这个额外效用为V。一般来说,绿色产品的价格较高,消费者消费绿色产品要支付高于传统产品额外费用。假设在新创企业采取绿色创业策略时,这个额外费用为K_1,在新创企业采取非绿色创业策略时,这个额外费用为K_2,由于绿色创业能够增加绿色产品供给,显然$K_2>K_1$。

双方博弈的支付矩阵见表 4.1。

表 4.1 新创企业与消费者策略交往的支付矩阵

新创企业	消费者	
	绿色消费	非绿色消费
绿色创业	$(P_1R_1-C_1+F,V-K_1)$	$(-C_1+F,0)$
非绿色创业	$(-C_2-G,V-K_2)$	$(P_2R_2-C_2-G,0)$

4.2.3　演化稳定策略分析

假设消费者采取绿色消费的概率为x,不进行绿色消费的概率为$1-x$;新创企业选择绿色创业策略为y,选择非绿色创业策略的

概率即为 $1-y$。

新创企业选择绿色创业策略收益为

$$U_1^s = x(P_1R_1 - C_1 + F) + (1-x)(-C_1 + F)$$

新创企业选择非绿色创业策略收益为

$$U_1^n = x(-C_2 - G) + (1-x)(P_2R_2 - C_2 - G)$$

新生创业者平均收益为

$$\begin{aligned}
U_1 &= yU_1^s + (1-y)U_1^n \\
&= y[x(P_1R_1 - C_1 + F) + \\
&\quad (1-x)(-C_1 + F)] + \\
&\quad (1-y)[x(-C_2 - G) + \\
&\quad (1-x)(P_2R_2 - C_2 - G)]
\end{aligned}$$

消费者采取绿色消费策略时收益为

$$U_2^s = y(V - K_1) + (1-y)(V - K_2)$$

消费者采取非绿色消费策略时收益为

$$U_2^n = 0$$

消费者的平均收益为

$$U_2 = xU_2^s + (1-x)U_2^n = x[y(V - K_1) + (1-y)(V - K_2)]$$

新创企业与消费者复制动态方程为

$$\mathrm{d}x/\mathrm{d}t = x(1-x)[(K_2 - K_1)y + V - K_2] \tag{4.1}$$

$$\mathrm{d}y/\mathrm{d}t = y(1-y)[(P_1R_1 + P_2R_2)x + F - C_1 - P_2R_2 + C_2 + G] \tag{4.2}$$

令 $\mathrm{d}x/\mathrm{d}t = 0$ 可得

$$x = 0, x = 1, y = y^* = (K_2 - V)/(K_2 - K_1)$$

令 $\mathrm{d}y/\mathrm{d}t = 0$ 可得

$$y = 0, y = 1, x = x^* = (-F + C_1 + P_2R_2 - C_2 - G)/(P_1R_1 + P_2R_2)$$

因此,此演化博弈模型的 5 个局部均衡点为 $(0,0)$,$(0,1)$,$(1,0)$,$(1,1)$,(x^*,y^*)。

根据 Friedman(1991)提出的方法[139],演化系统均衡点的稳定

性可由该系统的雅可比矩阵的局部稳定性分析得到。式(4.1)和式(4.2)组成的系统的雅可比矩阵的行列式为

$$\det(\boldsymbol{J}) = x(1-2x)[(K_2-K_1)y+V-K_2]y(1-2y)$$
$$[(P_1R_1+P_2R_2)x+F-C_1-P_2R_2+C_2+G]-$$
$$x(1-x)(K_2-K_1)y(1-y)(P_1R_1+P_2R_2)$$

雅可比矩阵的迹为

$$\text{tr}(\boldsymbol{J}) = x(1-2x)[(K_2-K_1)y+V-K_2]+$$
$$y(1-2y)[(P_1R_1+P_2R_2)x+F-C_1-$$
$$P_2R_2+C_2+G]$$

4.2.4 模型分析

因为 x 和 y 分别代表消费者绿色消费策略的比例和新创企业采取坚持绿色创业的比例,所以 $0 \leqslant x \leqslant 1, 0 \leqslant y \leqslant 1$。在平面 $M=\{(x,y)|0 \leqslant x,y \leqslant 1\}$ 讨论系统的均衡点及稳定性。由于 $K_2 > K_1$, $P_2R_2+P_1R_1 > 0$,所以下面分 9 种情况进行讨论:

(1)当 $V-K_2 > 0$ 时,由于 $K_2 > K_1$,则 $K_2-K_1+V-K_2 > 0$。当 $F-C_1-P_2R_2+C_2+G > 0$ 时,由于 $P_2R_2+P_1R_1 > 0$,则 $P_2R_2+P_1R_1+F-C_1-P_2R_2+C_2+G > 0$,系统将有 4 个均衡点 $(0,0)$,$(0,1)$,$(1,0)$,$(1,1)$。根据各点对应的 $\det(\boldsymbol{J})$ 和 $\text{tr}(\boldsymbol{J})$ 的符号,可以判断:$(0,0)$ 是源点,$(0,1)$ 和 $(1,0)$ 是鞍点,$(1,1)$ 是汇点,此时系统的相位图如图 4.2 所示。

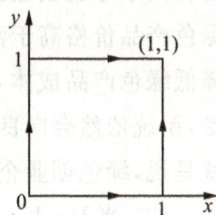

图 4.2 相位图 1

在图 4.2 中,从 M 中任何初始状态出发,系统都收敛于 $(1,1)$ 点,即消费者采取绿色消费策略,新创企业采取绿色创业策略。这种演化说明当消费者感受到绿色消费的额外效用高于绿色消费需要额外承担的成本,政府对绿色创业企业的扶持资金与对非绿色创

业的环境税之和大于绿色创业投入与传统创业利润之和时,系统会向良性方向演化。这是一种理想状况,当消费者和政府都有很强的环保意识,都愿意为环境保护进行较大投入时,绿色创业将迎来快速发展的机会。

(2) 当 $V-K_2<0$ 时,$-K_1+V>0$。当 $F-C_1-P_2R_2+C_2+G>0$ 时,由于 $P_2R_2+P_1R_1>0$,则 $P_2R_2+P_1R_1+F-C_1-P_2R_2+C_2+G>0$,系统将有 4 个均衡点 $(0,0)$,$(0,1)$,$(1,0)$,$(1,1)$。根据各点对应的 $\det(\boldsymbol{J})$ 和 $\mathrm{tr}(\boldsymbol{J})$ 的符号,可以判断:$(0,0)$ 是鞍点,$(0,1)$ 是鞍点,$(1,0)$ 是源点,$(1,1)$ 是汇点,此时系统的相位图如图 4.3 所示。

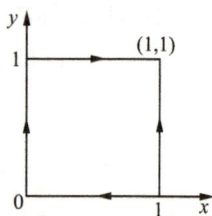

图 4.3　相位图 2

在图 4.3 中,从 M 中任何初始状态出发,系统都收敛于 $(1,1)$ 点,即消费者采取绿色消费策略,新创企业采取绿色创业策略。这说明在政府对绿色创业企业的扶持资金与对非绿色创业的环境税之和大于绿色创业投入与传统创业利润之和的情况下,虽然现有的绿色产品价格高于消费绿色产品的额外效用,但只要新创企业能够降低绿色产品成本,使其价格与传统产品的价差让消费者能够接受,系统依然会向良性演化,绿色创业企业依然能够创业成功。也就是说,绿色创业企业降低成本的努力是系统向良性演化的关键。

(3) 当 $V-K_1<0$ 时,由于 $K_2>K_1$,则 $V-K_2<0$。当 $F-C_1-P_2R_2+C_2+G>0$ 时,由于 $P_2R_2+P_1R_1>0$,则 $P_2R_2+P_1R_1+F-C_1-P_2R_2+C_2+G>0$。系统将有 4 个均衡点 $(0,0)$,$(0,1)$,$(1,0)$,$(1,1)$。根据各点对应的 $\det(\boldsymbol{J})$ 和 $\mathrm{tr}(\boldsymbol{J})$ 的符号,可以判断:$(0,0)$ 是鞍点,$(1,1)$ 是鞍点,$(1,0)$ 是源点,$(0,1)$ 是汇点,此时系统的相位图如图 4.4 所示。

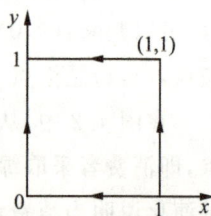

图 4.4　相位图 3

在图 4.4 中,从 M 中任何初始状态出发,系统都收敛于$(0,1)$点,即消费者采取非绿色消费策略,新创企业采取绿色创业策略。这种演化说明当政府对绿色创业企业的扶持资金与对非绿色创业的环境税之和大于绿色创业投入与传统创业利润之和时,虽然生产的绿色产品销售不出去,但新创企业依然会热情高涨地进行绿色创业。这种情况与我国光伏产业情况十分相像,由于新企业的加入没有把光伏产品成本降低到人们可以接受的范围内,在经济利益面前,消费者不得不放弃绿色消费策略。但光伏企业由于能够获取政府较大的新能源企业财政资金支持,依然选择在此领域创业。但这种均衡是以政府的高投入为代价的,一旦政府投入减少,系统将很快失去均衡。也就是说,政府鼓励绿色创业的策略应当包含鼓励绿色创业和绿色消费两个方面,降低绿色产品的消费税,增强消费者绿色消费意识,将对系统向良性演化具有积极作用。

(4) 当 $V-K_2>0$ 时,由于 $K_2>K_1$,则 $K_2-K_1+V-K_2>0$。当 $P_2R_2+P_1R_1+F-C_1-P_2R_2+C_2+G<0$ 时,由于 $P_2R_2+P_1R_2>0$, $F-C_1-P_2R_2+C_2+G<0$ 则系统将有 4 个均衡点$(0,0)$,$(0,1)$,$(1,0)$,$(1,1)$。根据各点对应的 $\det(\mathbf{J})$ 和 $\mathrm{tr}(\mathbf{J})$ 的符号,可以判断:$(0,1)$是源点,$(0,0)$和$(1,1)$是鞍点,$(1,0)$是汇点,此时系统的相位图如图 4.5 所示。

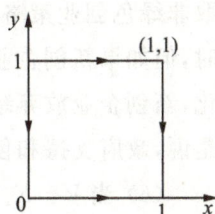

图 4.5　相位图 4

在图 4.5 中,从 M 中任何初始状态出发,系统都收敛于$(1,0)$点,即消费者采取绿色消费策略,新创企业采取非绿色创业策略。这种演化说明当消费者具有强烈的绿色消费意识,为了环境保护可以承担较高的额外成本,但当地政府没有环保意识,不对绿色创业进行足够的奖励,不对传统行业进行必要的处罚,再加上当地企业由于技术不成熟,在成功绿色创业的可能性不高的情况下企业依然会选择传统创业,但消费者依然会采取外部采购或自行制作等高成本的方式践行绿色消费的承诺。这种情况与世界各地绿色组织成员的绿色消费行为相似,他们具有强烈的环保意识,愿意为绿色消费承担较高的成本。但这种单方绿色行为并无法促进绿色创业企业发展。

(5) 当 $V-K_2<0$ 时,$-K_1+V>0$。当 $P_2R_2+P_1R_1+F-C_1-P_2R_2+C_2+G<0$ 时,由于 $P_2R_2+P_1R_2>0$,$F-C_1-P_2R_2+C_2+G<0$ 系统将有 4 个均衡点 $(0,0)$,$(0,1)$,$(1,0)$,$(1,1)$。根据各点对应的 $\det(\boldsymbol{J})$ 和 $\text{tr}(\boldsymbol{J})$ 的符号,可以判断:$(0,1)$ 是源点,$(1,1)$ 和 $(1,0)$ 是鞍点,$(0,0)$ 是汇点,此时系统的相位图如图 4.6 所示。

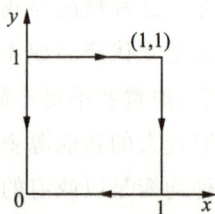

图 4.6　相位图 5

在图 4.6 中,从 M 中任何初始状态出发,系统都收敛于 $(0,0)$ 点,即消费者采取非绿色消费策略,新创企业采取非绿色创业策略。这说明即使消费者具有一定的绿色消费意识时,但如果新创企业不能保证盈利的情况下,系统将向恶化方向演化,新创企业放弃绿色创业策略,消费者放弃绿色消费策略。也就是说,政府支持和创业企业盈利能力也是系统向良性演化的关键。

(6) 当 $V-K_1<0$,由于 $K_2>K_1$ 时,则 $V-K_2<0$。当 $P_2R_2+P_1R_1+F-C_1-P_2R_2+C_2+G<0$ 时,由于 $P_2R_2+P_1R_2>0$,$F-C_1-P_2R_2+C_2+G<0$ 系统将有 4 个均衡点 $(0,0)$,$(0,1)$,$(1,0)$,$(1,1)$。根据各点对应的 $\det(\boldsymbol{J})$ 和 $\text{tr}(\boldsymbol{J})$ 的符号,可以判断:$(1,1)$ 是源点,$(0,1)$ 和 $(1,0)$ 是鞍点,$(0,0)$ 是汇点,此时系统的相位图如图4.7 所示。

在图 4.7 中,从 M 中任何初始状态出发,系统都收敛于 $(0,0)$ 点,即消费者采取非绿色消费策略,新创企业采取非绿色创业策略。这说明当消费者没有绿色消费意识,绿色创业没有有效收益、政府不对绿色创业有足够

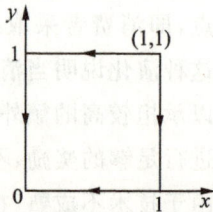

图 4.7　相位图 6

支持的情况下,系统一定会向恶性方向演化。这与环境问题没有出现之前情况比较相似,由于环境没有遭到破坏,无论政府还是个人都没有意识到环境保护的重要性,创业者也不会察觉到绿色创业的机会。

(7) 当 $V-K_1<0$ 时,由于 $K_2>K_1$,则 $V-K_2<0$。当 $P_2R_2+P_1R_1+F-C_1-P_2R_2+C_2+G>0$ 时,$F-C_1-P_2R_2+C_2+G<0$ 系统将有 4 个均衡点 $(0,0)$,$(0,1)$,$(1,0)$,$(1,1)$。根据各点对应的 $\det(\boldsymbol{J})$ 和 $\text{tr}(\boldsymbol{J})$ 的符号,可以判断:$(1,0)$ 是源点,$(0,1)$ 和 $(1,1)$ 是鞍点,$(0,0)$ 是汇点,此时系统的相位图如图 4.8 所示。

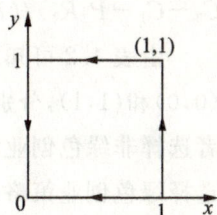

图 4.8　相位图 7

在图 4.8,从 M 中任何初始状态出发,系统都收敛于 $(0,0)$ 点,即消费者采取非绿色消费策略,新创企业采取非绿色创业策略。这说明当消费者没有绿色消费意识,即使绿色创业在政府支持下能获取一定收益,系统也会向恶性方向演化,没有消费者支持的绿色创业是不可持续的。

(8) 当 $V-K_2>0$ 时,由于 $K_2>K_1$,则 $V-K_1>0$。当 $P_2R_2+P_1R_1+F-C_1-P_2R_2+C_2+G>0$ 时,$F-C_1-P_2R_2+C_2+G<0$ 系统将有 4 个均衡点 $(0,0)$,$(0,1)$,$(1,0)$,$(1,1)$。根据各点对应的 $\det(\boldsymbol{J})$ 和 $\text{tr}(\boldsymbol{J})$ 的符号,可以判断:$(0,1)$ 是源点,$(0,0)$ 和 $(1,0)$ 是鞍点,$(1,1)$ 是汇点,此时系统的相位图如图 4.9 所示。

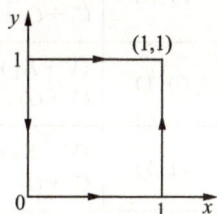

图 4.9　相位图 8

在图 4.9 中,从 M 中任何初始状态出发,系统都收敛于 $(1,1)$ 点,即消费者采取绿色消费策略,新创企业采取绿色创业策略。这说明当消费者具有较强的绿色消费意识,绿色创业在政府支持下有收益的情况下,系统一定会向良性方向演化。这种情况一般出现在环境恶化到十分严重的程度,已经严重威胁到消费者健康条件下,消费者具有很强的绿色消费意识,愿意为绿色消费承担很高的成本。这时系统虽然向良性转化,但环境已经遭到严重破坏。

(9) 当 $V-K_2<0$ 时,$V-K_1>0$。当 $P_2R_2+P_1R_1+F-C_1-P_2R_2+C_2+G>0$ 时,$F-C_1-P_2R_2+C_2+G<0$ 系统将有 5 个均衡点 $(0,0),(0,1),(1,0),(1,1),(x^*,y^*)$。其中,$x^*=(F+G+C_2-C_1-P_2R_2)/(P_2R_2+P_1R_1)$,$y^*=(V-K_2)/(K_2-K_1)$。

由表 4.2 可知系统中的 5 个均衡点中有 2 个是稳定的,分别为 $(0,0)$ 和 $(1,1)$,分别对应模式一:消费者选择非绿色消费策略,创业者选择非绿色创业策略;模式二:消费者选择绿色消费策略,创业者选择绿色创业策略。

表 4.2 局部稳定分析

均衡点	$\det(\boldsymbol{J})$	$\mathrm{tr}(\boldsymbol{J})$	结果
$(0,0)$	$(V-K_2)(F-C_1-P_2R_2+C_2+G)$,+	$(V-K_2)+(F-C_1-P_2R_2+C_2+G)$,-	ESS
$(1,0)$	$-(V-K_2)(P_1R_1+F-C_1+C_2+G)$,+	$-(V-K_2)+(P_1R_1+F-C_1+C_2+G)$,+	不稳定
$(0,1)$	$(V-K_1)(F-C_1-P_2R_2+C_2+G)$,+	$(V-K_1)-(F-C_1-P_2R_2+C_2+G)$,+	不稳定
$(1,1)$	$(V-K_1)(P_1R_1+F-C_1+C_2+G)$,+	$-(V-K_1)-(P_1R_1+F-C_1+C_2+G)$,-	ESS
(x^*,y^*)	$[(P_1R_1+F-C_1+C_2+G)(P_1R_1+F-C_1+C_2+G)(V-K_2)(V-K_1)]/[(P_2R_2+P_1R_1)(K_2-K_1)]$,-	0	鞍点

图 4.10 描述了消费者与创业者相互交往的动态过程。图 4.10 的两个不平衡点 $(1,0)$,$(0,1)$ 及鞍点 (x^*,y^*) 的连成的折线可以看作是系统收敛于两种不同模式的临界点,位于折线下方系统收敛于

模式一,位于折线上方系统收敛于模式二。

① 消费者绿色消费额外效益对系统演化
的影响。

根据 y^* 的公式可知,消费者绿色消费额
外收益的增大会使 y^* 变小,这会导致鞍点向
下移动,从而导致系统向模式二演化的可能
性增大。消费者绿色消费额外收益与消费者

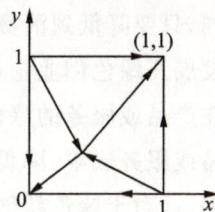

图 4.10　相位图 9

环保意识有关,消费者环保意识越强,绿色消费带来的额外收益就
越大,没有环保意识的人是无法从绿色产品消费中获取效用的。

② 政府绿色创业扶持资金和传统创业环境税对系统演化的
影响。

根据 x^* 的公式可知,政府绿色创业扶持资金和传统创业环境
税的增大会使 x^* 变小,这会导致鞍点向左移动,从而导致系统向模
式二演化的可能性增大。

③ 新创企业加入后的成本对系统演化的影响。

根据 y^* 的公式可知,新创企业加入后使成本降低会使 y^* 变
小,这会导致鞍点向下移动,从而导致系统向模式二演化的可能性
增大。绿色创业企业降低绿色产品采购成本是系统向良性演化的
重要条件。

4.2.5　研究结论

(1) 绿色创业必须得到消费者绿色消费的配合才能得以可持
续发展。消费者没有绿色消费意识,靠政府资金扶持的绿色创业企
业是难以生存和发展的。政府应加大宣传力度,提升人们的环保意
识,增强环境危机意识,提倡购买绿色产品或服务。

(2) 绿色创业企业在提供绿色产品或服务时,必须能够降低绿
色产品或服务的价格,绿色产品的价格不需要降低到与传统产品相

同,只要降低到消费者能够接受的价格,绿色创业企业就能可持续发展。绿色创业企业在提供绿色产品或服务时,不应将注意力只放在产品或服务的绿色性能上,还应采取各项措施尽可能压缩绿色产品或服务成本,降低绿色产品或服务价格到消费者能够接受的范围,这对于绿色新创企业可持续发展具有重要意义。

(3) 政府绿色创业扶持资金和传统创业环境税是绿色创业企业得以可持续发展的必要条件而非充分条件。政府加大对绿色产品的消费补贴、降低绿色产品消费价格更有助于绿色创业企业可持续发展。

4.3 不确定环境下绿色创业多目标决策研究

4.3.1 问题的提出

改革开放的 30 余年来,我国经济持续高速增长,而片面追求经济利益最大化所造成的生态负外部性却日益严重,资源短缺、环境污染、生态破坏,经济、环境、社会协调、可持续发展遇到巨大挑战,面对日益严峻的环境问题,十八大报告提出"从源头上扭转生态环境恶化趋势,为人民创造良好生产生活环境"的任务。不同于成熟企业的生态修补,而是着眼于生态机会创新性开发的绿色创业,由于该方向兼顾经济效益和生态效益受到学者和企业家的高度关注,创业研究开始与经济领域之外的环境和社会可持续发展主题融合[140,141]。绿色创业虽然具有绿色市场的商机、鼓励型的政府扶持政策等有利因素,但毕竟还是新兴事物,还将遇到绿色技术不成熟、消费者绿色消费意愿不强等诸多困难,面对既充满机遇,又面临诸多风险的绿色创业,决策的重要性不言而喻。创业决策失误是导致创业失败的一个重要原因(Franco,Haase,2010)。

绿色创业是在生态导向和市场导向的双重作用下采取的创业

行为[142]，不同于传统创业行为单纯追求经济效益目标，绿色创业扮演着生态建设、经济发展的双重角色，绿色创业决策面临着经济和环境双重目标。这就迫切需要研究出一种多目标创业决策方法以协助绿色创业者进行创业决策，以提高创业决策的正确性，进而提高创业成功率，降低创业风险。

4.3.2　绿色创业决策特征

（1）不确定性

由于绿色创业行动经常发生在较长一段时间内，而未来具有不可知性，无法进行准确的预测，也无法提前确定目标（March，1982），再加上绿色创业行动本身具有内在的新颖性（Smith，DiGregorio，2002），创业者面临不确定的世界[143]（Knight，1921），激烈的竞争，快速变化的需求、不断革新的技术加剧了这种不确定性，不确定性的概念是创业行动理论的基石[144]（McMullen，Shepherd，2006）。绿色创业的这种不确定性反应为：消费者绿色偏好的不确定性、绿色技术价值的不确定性及市场竞争程度的不确定性等方面。

① 消费者绿色偏好的不确定性。

巨大的绿色市场是绿色创业的主要动机，而绿色市场有多大主要取决于消费者的绿色消费偏好。虽然，绿色消费、保护环境、可持续发展成为全世界人民的共识，但由于环境的公共产品性质，很多人都不愿意为其支付额外成本。据调查，89%的美国公民对其购买产品的环境影响十分关心，其中也只有 78%的人愿意为购买绿色产品多支付 5%的费用[145]。绿色消费还没有成为一种消费习惯，只有少部分人愿意以较高的溢价购买那些环境友好的商品。如果这种现象没有改观，巨大的绿色市场也只是绿色创业者的幻想，生产出来的绿色产品也将无人问津，绿色创业也只能以失败告终。

② 绿色技术价值的不确定性。

任何绿色技术都要走下"神坛",走向市场。而任何一项绿色技术从研发、试样、批量生产到被市场接受并形成产业链必定受到很多挑战。首先,绿色技术本身的不成熟。很多绿色技术还处于发展的初级理论探索阶段,其技术是否具有市场应用价值还存在很大的不确定性。绿色建筑技术、绿色化工技术、绿色能源技术等绿色概念虽然层出不穷,但大多停留在理论或试验阶段,真正能够产品化、甚至产业化还有很长的路要走。其次,绿色技术的多样化。不同的人从不同技术角度出发给出了不同的绿色技术模式,产生了原理不同的绿色产品,不同技术产品将具有竞争性,一旦选择错了技术模式,将导致绿色创业的失败。

③ 市场竞争程度的不确定性。

绿色市场潜力巨大,绿色创业将成为主流是不争事实,但绿色创业的发展还将具有很强的不确定性。首先,竞争对手的不确定性。绿色创业处于起步阶段,创业者很难确定有多少潜在的竞争对手在从事此类绿色技术研发,也很难确定这些潜在竞争对手技术发展程度,以及对自身的挑战有多大。其次,潜在替代品供应商的不确定性。例如,清洁能源既可以依靠太阳能、风能等技术获取,也可以通过开发可燃冰的方式获得,一旦可燃冰开采、运输、利用技术成熟,势必冲击太阳能、风能等产业的发展。

(2) 多目标性

绿色创业的核心在于发现未来的市场机会,以创新性来开发绿色市场,同时还要承担企业的社会生态责任(Cohen,Winn,2007)[146],往往扮演着生态建设和创业的双重角色。

① 经济效益。

经济回报是新创企业可持续发展得以进行的基本保证(Abrahamsson,2007)。具有绿色创业导向的创业者在识别和开发机会的过程中产生大量的资源需求,创业者需要知识资源去发现、筛选和评估生态创业机会,创业者需要创业活动开展必要的人力、资金、技术、物质资源等运营资源开发创业机会。如果绿色创业没有经济上的可持续性,那么就不可能实现社会和环境方面的可持续性[3]。

② 生态收益。

绿色创业强调的是发现绿色机会,开发绿色产品,无论其创业的初始动机是经济收益,还是改善生态,有意或无意间都为生态环境改善做出了贡献。绿色创业者可通过两个方面的行为实现对生态环境的贡献:一是识别生态创业机会,在有机行业、清洁、能源、替代能源及水的再利用和回收服务等新兴行业主动需求机会,不再是以外部环境为基准的被动改变,而是主动通过提供环境产品或服务等主动承担责任的方式改善环境;二是通过使用环境保护技术减少经济活动过程中对环境的负面影响,通过主动把环境友好等问题作为创业战略选择时的要素,加强环保生产技术的开发、积极投身社会公益事业等满足客户需求等方式对环境可持续发展做出贡献。

4.3.3　多目标绿色创业决策模型构建

不确定性和多目标性的典型特征使绿色创业决策异常复杂,依靠简单的逻辑推理无法保证绿色创业的科学性和有效性,这就需要借鉴决策的基本理论,构建不确定条件下多目标决策模型,为绿色创业者提供实用可行的决策方法。

（1）方案集

高度不确定性的创业情景使主流管理学基础上的目标导向(Causation)无法解释创业现象,创业者多以既有的手段或资源为最根本的出发点,希望通过这些手段或资源去实现最大的价值,Sarasvathy(2008)将这种有别于传统目标导向的决策逻辑命名为效果推理理论(Effectuation)[147]。绿色创业的效果推理决策逻辑表现得更为突出，Isaak(2002)认为，绿色创业的关键在于设计、工艺、制造等每个环节都必须做到绿色化[148]。绿色化的关键是各个环节绿色技术的掌握与应用，绿色创业依赖于创业者绿色技术的掌握，绿色创业者掌握的绿色技术决定了其采取的绿色创业行动。一种行动决定了一种可行的方案，多种行动方案的集合称为行动集，用 A 表示。由于创业者掌握的绿色技术是有限的，所以行动集是有限的。假设绿色创业者有三个项目可备选择，则行动集可表述为

$$A = \{a_1, a_2, a_3\}$$

（2）状态集

消费者绿色消费倾向、绿色技术价值及市场竞争的不确定性，势必造成绿色创业环境的不确定性，绿色创业者无法事先确定发生哪种状态，只能凭自己对环境的综合分析，预测每种状态出现的概率。这些状态的集合称为状态集 S。假如，将状态分为好、中、差三种，则状态集可表述为：

$$S = \{S_1, S_2, S_3\}$$

对于三种状态的概率分布，一方面取决于创业者对绿色创业前景的判断，对于绿色创业前景乐观的创业者通常会对好的状态赋以较高的概率值，而对于绿色创业前景悲观的创业者却通常会对坏的状态赋以较高的概率值。另一方面，三种状态的概率分布还取决于创业者对于特定绿色技术的信心，创业者对于技术成熟性、先进性的判断将影响创业者对该方案三种状态的概率赋值。

（3）后果集

绿色创业决策具有经济收益、生态收益两个目标，且两个目标之间不可公度，两个目标没有统一的衡量标准或计量单位，也难以合并简化为一个统一的目标，也就是说多元绿色创业决策难以转化为单目标决策问题。不同的方案在不同状态下所产生的创业收益，既是方案集 A 的函数，也是状态集 S 的函数，可表示为 $A \cdot S \rightarrow X$。X 即为后果集。而绿色创业决策两个目标称为属性，可表述为

$$C_i = \{X_{i1}, X_{i2}\}$$

多目标绿色创业决策模型就可用表 4.3 描述。

表 4.3　决策表

状态	方案 1		方案 2		方案 3	
	概率	后果	概率	后果	概率	后果
好	P_1		P_4		P_7	
中	P_2		P_5		P_8	
差	P_3		P_6		P_9	

4.3.4　绿色创业决策目标决策模型求解

（1）确定极端展望

序关系是任意两个方案间相互比较的关系，它是解决很多多目标决策问题的关键。本决策问题以偏好作为序关系，假设这种序关系是可以传递的，就可以从后果集 X 中根据个人期望偏好找出最低的期望值 C_{min}，最高的期望值 C_{max}。

（2）确定当量

根据 Von Neumann-Morgenstern 效用定理[149]，对 X 中任一确定展望 C_i，总有一风险展望 $\check{C}_i = ((1-\beta_i)C_{min}, \beta_i C_{max})$，$C_i$ 与 $\check{C}_i$ 是无差异的。β_i 的大小一方面取决于 C_i 中值的大小，值越大，β_i 也就越大；另一方面也取决于绿色创业者的类型，对于重视经济收益的创业者（如偶尔为之型、创新主义型绿色创业者）更看重 X_{i1}，对于重视生态收益的创业者（如伦理标新立异型、绿色愿境拥护型绿色创业者）更看重 X_{i2}。

（3）置换

按照上述原则将后果集中的 C_i，全部置换为混合当量 $\check{C}_i = ((1-\beta_i)C_{min}, \beta_i C_{max})$ 后，确定所有后果的概率集 $\beta = \{\beta_1, \beta_2, \cdots, \beta_9\}$。

（4）计算各方案的期望效用

根据 Bernoulli 原理，根据个人对可能后果的偏好值选择行动，可按照如下公式计算各方案的期望收益：

$$U(a_1) = P_1\beta_1 + P_2\beta_2 + P_3\beta_3$$

$$U(a_2) = P_4\beta_4 + P_5\beta_5 + P_6\beta_6$$

$$U(a_3) = P_7\beta_7 + P_8\beta_8 + P_9\beta_9$$

（5）决策

从三个方案的期望效用中选择最大值，该方案即为绿色创业者应选择的方案。

4.3.5　结论

针对绿色创业的不确定性、多目标特征，本研究利用 Von Neumann-Morgenstern 效用定理，构建了绿色创业多目标决策模型，并给出计算步骤。该模型充分考虑了绿色创业特征、绿色创业者个人偏好及效果推理的创业决策逻辑。本研究为在不确定环境下绿色创业的多目标决策问题提供了实用的方法。

4.4　科技型员工创业行为与企业科技成果利用行为演化博弈研究

4.4.1　研究背景

知识经济时代，科技型员工从事生产、创造知识活动，能够为企业或组织带来知识资本增值[150]。嵌入在科技型员工身上的知识资本很多属于隐性知识，难以从科技型员工的头脑中析出或移植他处。保留在员工头脑中的知识总是要比他们可以说出来的东西多，用哲学家波拉尼的话来说，就是"知而不能言者众"[151]，许多知识不可让渡地由独自工作或在团队中工作的个人所占有（Boisot，

2005)。由于这些知识具有专有性、稀缺性、难模仿性的特征,因此这些知识成为科技型员工赖以生存的基础,与优厚待遇和良好工作环境相比,他们更看重这些知识的使用。科技型员工对其专业领域的忠诚度,远高于对雇主的忠诚度,从而科技型员工流动一直居高不下。Saxenian(1994)对美国硅谷的跟踪调研表明,科技人员和熟练工人每年转换职位或进行创业的比例在 20%~25% 之间[152]。Anton(1994)所指出的[153],受雇于企业的科技员工对自己的职业行为至少有三种选择:① 将企业的技术秘密作为私人信息和个人创业的资本;② 将研发中取得的技术秘密传递给企业并获取报酬;③ 转入其他行业工作。

在组织中主体间关系是互为导向的(Johanson,Mattsson,1987)[154],霍兰德教授认为多个具有适应性的主体构成一个复杂适应系统,这些主体与其他主体进行着不断的互动,不断进行着演化学习,根据学到的经验改变着自身结构和行为方式[155]。企业和科技型员工也是在互动中不断调整自己行为,不断演化博弈,以期达到收益最大化。企业利用知识成果策略与科技型员工创业决策可看作一种博弈行为,可通过建立博弈模型分析企业与科技型员工决策的演化规律。

4.4.2　模型建立

在自然环境下演化博弈的双方是企业和科技型员工,双方都是理性的“经济人”,企业在与科技型员工博弈的过程中有两种行为可选择:① 利用;② 不利用。同样,科技型员工在与企业博弈的过程中也有两种行为可供选择:① 离职创业;② 留任。

企业与科技型员工策略交往的支付矩阵见表 4.4。

表 4.4　企业与科技型员工博弈收益矩阵

类　型	科技型员工	
	创业	留任
企业利用	$(D+F, P_2R_2-(1-P_2)L-F-D)$	$((1-\alpha)P_1R_1-(1-P_1)L, W+\alpha P_1R_1)$
不利用	$(D, P_2R_2-(1-P_2)L-D)$	$(Q, B+W)$

4.4.3　演化稳定策略分析

假设科技型员工进行创业的概率为 x，在职的概率为 $1-x$；企业选择利用此科技成果策略为 y，选择不利用此科技成果策略的概率即为 $1-y$。

企业选择利用策略收益为

$$U_1^s = x(D+F) + (1-x)[(1-\alpha)P_1R_1-(1-P_1)L]$$

企业选择不利用策略收益为

$$U_1^n = xD + (1-x)Q$$

企业平均收益为

$$U_1 = yU_1^s + (1-y)U_1^n$$
$$= y\{x(D+F) + (1-x)[(1-\alpha)P_1R_1-(1-P_1)L]\} + (1-y)[xD+(1-x)Q]$$

科技型员工采取创业策略时收益为

$$U_2^s = y[P_2R_2-(1-P_2)L-F-D] + (1-y)[P_2R_2-(1-P_2)L-D]$$

科技型员工采取在职策略时收益为

$$U_2^n = y(W+\alpha P_1R_1) + (1-y)(B+W)$$

科技型员工的平均收益为

$$U_2 = xU_2^s + (1-x) U_2^n$$
$$= x\{y[P_2R_2-(1-P_2)L-F-D]+$$
$$(1-y)[P_2R_2-(1-P_2)L-D]\}+$$
$$(1-x)[y(W+\alpha P_1R_1)+(1-y)(B+W)]$$

政府与新生创业者复制动态方程为

$$dx/dt = x(1-x)[(B-F-\alpha P_1R_1)y+ \tag{4.3}$$
$$P_2R_2-(1-P_2)L-D-W-B]$$

$$dy/dt = y(1-y)\{[F-(1-\alpha)P_1R_1+(1-P_1)L+Q]x+$$
$$(1-\alpha)P_1R_1-(1-P_1)L-Q\}$$
$$\tag{4.4}$$

令 $dx/dt=0$ 可得出，$x=0,x=1,y=y^*$，

$$y^* = \frac{P_2R_2-(1-P_2)L-D-W-B}{-B+F+\alpha P_1R_1}$$

令 $dy/dt=0$ 可得出，$y=0,y=1,x=x^*$，

$$x^* = \frac{(1-\alpha)P_1R_1-(1-P_1)L-Q}{-F+(1-\alpha)P_1R_1-(1-P_1)L-Q}$$

因此，此演化博弈模型的 5 个局部均衡点为 $(0,0)$，$(0,1)$，$(1,0)$，$(1,1)$，(x^*,y^*)。

根据 Friedman(1991)提出的方法[156]，演化系统均衡点的稳定性可由该系统的雅可比矩阵的局部稳定性分析得到。由于式(4.3)和式(4.4)过长，为简化，作如下定义：

$$B-F-\alpha P_1R_1 = M$$
$$P_2R_2-(1-P_2)L-D-W-B = N$$
$$F-(1-\alpha)P_1R_1+(1-P_1)L+Q = S$$
$$(1-\alpha)P_1R_1-(1-P_1)L-Q = T$$

式(4.3)和式(4.4)组成的系统的雅可比矩阵为

$$J = \begin{bmatrix} (1-2x)(My+N) & x(1-x)M \\ y(1-y)S & (1-2y)(Sx+T) \end{bmatrix}$$

雅克比矩阵的行列式为

$$\det(\boldsymbol{J}) = (1-2x)(My+N)(1-2y)(Sx+T) - x(1-x)My(1-y)S$$

雅可比矩阵的迹为

$$\operatorname{tr}(\boldsymbol{J}) = (1-2x)(My+N)+(1-2y)(Sx+T)$$

4.4.4 模型分析

因为 x 和 y 分别代表科技型员工采取创业策略的比例和企业采取利用此项技术的比例,所以 $0 \leqslant x \leqslant 1$,$0 \leqslant y \leqslant 1$。在平面 $M=\{(x,y) \mid 0 \leqslant x, y \leqslant 1\}$ 讨论系统的均衡点及稳定性。由于 $F>0$,所以当 $x=1$ 时,$\mathrm{d}y/\mathrm{d}t>0$。所以下面分 8 种情况进行讨论:

(1) 当 $(1-\alpha)P_1R_1-(1-P_1)L-Q>0$,$P_2R_2-(1-P_2)L-D-W-B>0$,$P_2R_2-(1-P_2)L-D-W-F-\alpha P_1R_1>0$ 时,系统将有 4 个均衡点 $(0,0)$,$(0,1)$,$(1,0)$,$(1,1)$。此时系统的相位图如图 4.11 所示。

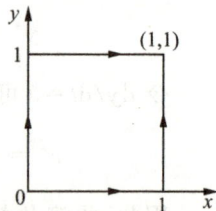

图 4.11 相位图 1

这种情况说明,科技型员工在有高质量的科技成果应用中具有主导地位,高质量科技成果能够带来的高额预期收益是科技型员工离职创业的主要动因,高工资、股权激励、健全法律都不是留住科技型员工的灵丹妙药。例如,华为李一男 27 岁就被委以研发副总裁的职位,工资和股份都算不低,但依然出走创办港湾网络。

(2) 当 $(1-\alpha)P_1R_1-(1-P_1)L-Q>0$,$P_2R_2-(1-P_2)L-D-W-B>0$,$P_2R_2-(1-P_2)L-D-W-F-\alpha P_1R_1<0$ 时,系统将有 4 个均衡点 $(0,0)$,$(0,1)$,$(1,0)$,$(1,1)$。此时系统的相位图如图 4.12 所示。

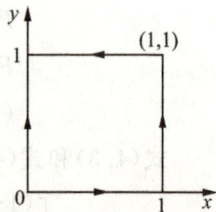

图 4.12 相位图 2

　　这种演化说明当企业认为此科技成果具有很大收益,但如果竞业限制违约金很高或企业给科技型员工较大股份,即使创业带来的收益比留任从事其他项目带来的收益高,科技型员工也不愿意离职创业,具有留任的可能性。

　　(3) 当 $(1-\alpha)P_1R_1-(1-P_1)L-Q>0$, $P_2R_2-(1-P_2)L-D-W-B<0$, $P_2R_2-(1-P_2)L-D-W-F-\alpha P_1R_1<0$ 时,系统将有 4 个均衡点 $(0,0),(0,1),(1,0),(1,1)$。此时系统的相位图如图 4.13 所示。

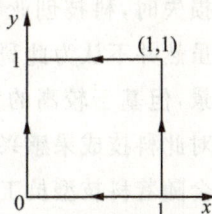

图 4.13　相位图 3

　　这种演化说明企业认为此科技成果具有很大收益,但科技型员工在对此项目评价不是十分高的情况下,仍愿意帮助企业从事此科技成果转化,因为科技型员工不承担创业失败的风险,虽然创业成功的可能性较低,但一旦此项目成功,科技型员工能从中分取不菲的收益。因此,我们可以看出股权激励并不是完美的激励方法,这种方法可能诱导科技型员工鼓动企业从事风险较大的科技成果转化项目。

　　(4) 当 $(1-\alpha)P_1R_1-(1-P_1)L-Q>0$, $P_2R_2-(1-P_2)L-D-W-B<0$, $P_2R_2-(1-P_2)L-D-W-F-\alpha P_1R_1>0$ 时,系统将有 4 个均衡点 $(0,0),(0,1),(1,0),(1,1)$。此时系统的相位图如图 4.14 所示。

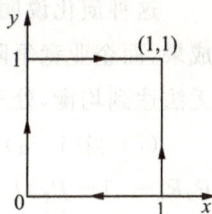

图 4.14　相位图 4

　　这种演化说明企业认为此科技成果具有很大收益的情况下,如果竞业限制违约金和股权激励不高,即使企业承诺给予高工资待遇,科技型员工也依然会选择离职创业。这说明,当企业认为此科技成果具有较高市场价值,高工资则是无效的政策。

　　(5) 当 $(1-\alpha)P_1R_1-(1-P_1)L-Q<0$, $P_2R_2-(1-P_2)L-D-W-B>0$, $P_2R_2-(1-P_2)L-D-W-F-\alpha P_1R_1>0$ 时,系统

将有 4 个均衡点 $(0,0),(0,1),(1,0),(1,1)$。此时系统的相位图如图 4.15 所示。

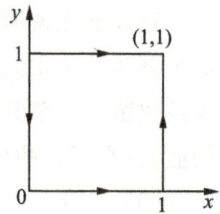

图 4.15　相位图 5

这种演化说明当科技型员工认为此项目收益巨大,足以弥补创业带来的风险和所有损失时,科技创业者一定会离职创业,而企业虽然并不认为此科技成果具有较高的市场前景,但基于较高的竞业限制违约金,也会假装对此科技成果感兴趣。这种情况说明,企业对科技成果价值的看法会随着科技型员工对科技成果的态度发生变化,当科技型员工坚信科技成果具有较高市场价值时,企业会重新审视科技成果的价值。

(6) 当 $(1-\alpha)P_1R_1-(1-P_1)L-Q<0$,$P_2R_2-(1-P_2)L-D-W-B>0$,$P_2R_2-(1-P_2)L-D-W-F-\alpha P_1R_1<0$ 时,此时科技型员工和企业将陷入重复博弈之中,双方不断地进行循环策略选择,最终达到一种动态平衡。系统的相位图如图 4.16 所示。

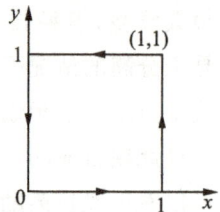

图 4.16　相位图 6

这种演化说明当企业不是很看好此科技成果,而企业竞争限制违约金较高或股权激励较多的时候,系统将无法达到均衡,处于不断重复博弈之中。

(7) 当 $(1-\alpha)P_1R_1-(1-P_1)L-Q<0$,$P_2R_2-(1-P_2)L-D-W-B<0$,$P_2R_2-(1-P_2)L-D-W-F-\alpha P_1R_1<0$ 时,系统将有 4 个均衡点 $(0,0),(0,1),(1,0),(1,1)$。此时系统的相位图如图 4.17 所示。

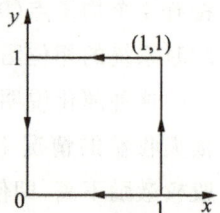

图 4.17　相位图 7

从 M 中任何初始状态出发,系统都收敛于 $(0,0)$ 点,即科技创业者采取留职策略,企业采取不利用策略。这种演化说明企业和科技型员工对此项目评价都不是十分高的情况下,科技型员工和企业都不愿意转化科技成果。

(8) 当 $(1-\alpha)P_1R_1-(1-P_1)L-Q<0$, $P_2R_2-(1-P_2)L-D-W-B<0$, $P_2R_2-(1-P_2)L-D-W-F-\alpha P_1R_1>0$ 时,系统将有 5 个均衡点 $(0,0),(0,1),(1,0),(1,1),(x^*,y^*)$。

其中: $x^*=\dfrac{(1-\alpha)P_1R_1-(1-P_1)L-Q}{-F+(1-\alpha)P_1R_1-(1-P_1)L-Q}$

$\qquad y^*=\dfrac{P_2R_2-(1-P_2)L-D-W-B}{-B+F+\alpha P_1R_1}$

由表 4.4 可知,系统有 5 个均衡点,其中 2 个是稳定的,分别为 $(0,0)$ 和 $(1,1)$,分别对应模式一:员工采取留职行为,领导采用不利用策略;模式二员工采取离职创业行为,企业采取利用行为。

表 4.4　局部稳定分析

均衡点	$\det(\boldsymbol{J})$	$\mathrm{tr}(\boldsymbol{J})$	结果
$(0,0)$	$NT,+$	$N+T,-$	ESS
$(0,1)$	$-(M+N)T,+$	$(M+N)-T,+$	不稳定
$(1,0)$	$-N(S+T),+$	$-N+T+S,+$	不稳定
$(1,1)$	$(M+N)(S+T),+$	$-(M+N)-(S+T),-$	ESS
(p^*,q^*)	$-(T+S)TN(M+N)/S^2M^2,-$	0	鞍点

图 4.18 描述了企业与科技型员工相互交往的动态过程。

由图 4.18 的两个稳定点 $(0,1),(1,0)$ 及鞍点 (x^*,y^*) 连成的折线可以看作是系统收敛于两种不同模式的临界点,位于折线下方系统收敛模式一,位于折线上方收敛于模式二。

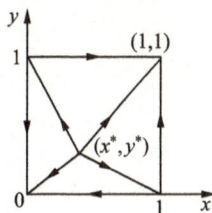

图 4.18　相位图 8

4.4.5 研究结论

（1）当科技成果具有较高市场价值时，科技型员工在科技成果应用方面具有主导地位，为留住员工企业采取的所有行为都基本无效，高质量科技成果能够带来的高额预期收益是科技型员工离职创业的主要动因。

（2）企业认为科技成果具有价值，科技型员工不看好科技成果时，股权激励并不是完美的激励方法，这种方法可能会诱导科技型员工鼓动企业从事风险较大的科技成果转化项目。

（3）当科技型员工认为科技成果具有高价值，高工资是无效的激励措施。

（4）企业对科技成果价值的看法会随着科技型员工对科技成果的态度发生变化，当科技型员工坚信科技成果具有较高市场价值时，企业会重新审视科技成果的价值。

（5）当企业不看好科技成果且以高工资为激励措施时，工资、合同违约金、竞业限制违约金、从事其他项目奖金、股权激励等对于挽留科技型员工都是有效的措施。

第 5 章　科技绿色创业企业可持续发展研究

5.1　走出绿色创业的困境

5.1.1　研究背景

近年来,中国经济发展的步伐令世界震撼,但是生态环境也为此付出了巨大代价,气候变暖,冰川消融,土地荒漠,河流污染,环境问题日益严重。2013 年 1 月 14 日,亚洲开发银行和清华大学发布《迈向环境可持续的未来:中华人民共和国国家环境分析》的中文版报告,指出中国 500 个大型城市中,只有不到 1‰ 达到世界卫生组织空气质量标准,世界上污染最严重的 10 个城市之中,7 个位于中国[157]。

解决环境问题不能依靠成熟企业简单的"绿色修补",而需要从成熟企业上溯到新企业的创建,需要从创业机会源头出发,发挥创业对环境的作用。随着生态价值观的逐步形成与绿色市场的出现,绿色创业机会也应运而生,为了获取政府补贴及绿色溢价,越来越多的企业将资源高效利用、环境保护等因素纳入其发展战略规划中,并提出企业绿色经营策略[158]。创业实践者们通过提供清洁技术和环保产品[159](York,Venkataraman,2010),针对环境问题和社会问题提供更加行动领先和创新的解决方案(Parrish,2010)的方式开展绿色实践活动[160]。然而,绿色创业企业的发展并不是那么一帆风顺,过半新能源企业倒闭,浙江唯一环保塑料袋企业亏损严重倒闭等绿色创业失败案例严重打击了创业者采取绿色策略的信心。绿色创业企业发展是个复杂的动态过程，不仅取决于创业者个人的决策，还受包括消费者、政府等相关利益群体的影响。绿色创业企业提供的绿色产品和服务是否能被消费者所接纳、政府对绿色创业和绿色消费的政策将是影响绿色创业企业发展的重要影响因素。

1962 年出版的《寂静的春天》、1968 年美国国际开发署署长 W.S. 高达在国际开发年会上发表的"绿色革命——成就与担忧"演讲、1972 年罗马俱乐部提出的"成长的极限"使越来越多的人认识到人类应该与自然环境和社会环境协调发展，为保持生态平衡，促进人与自然关系的协调，人们也应逐步改变消费习惯、使用绿色产品。然而，消费者不仅是具有社会责任的"伦理人"，也是追求收益的"经济人"，在选择绿色产品或服务时，也需要考虑效益与成本问题。中国消费者协会、中国社会科学院经济学部《中国可持续消费研究报告 2012》显示可持续消费"支付意愿"维度值只有 44.5，显示消费者对于高出一般产品价格的产品接受程度较低[161]，绿色产品的高成本性将成为阻碍绿色产品消费的重要因素。

政府为实现经济与环境、社会的协调发展，采取扶持绿色企业发展，鼓励绿色产品消费等多种方式扭转生态环境恶化趋势。然而，保护生态环境仅仅是政府职能之一，当保护环境与经济发展、劳动就业等职能发生冲突时，政府保护生态环境的立场就没有那么坚定。例如，政府在审批启东王子制纸排海工程项目、四川什邡钼铜项目、宁波镇海 PX 项目时不是不知道这些项目的环境危害，而是被这些项目带来的 GDP、税收和就业所吸引。

绿色创业企业发展、生态环境的改善是个系统工程，需要绿色产品的供应方（绿色创业企业）、需求方（消费者）及监管方（政府）的相互协同，共同发挥作用才能获得良性发展。而三方作为独立的利益主体又有着各自的利益考量，需要建立创业企业、消费者与政府三方博弈模型,分析三方参与绿色活动的概率,探讨促进绿色创业良性发展的实现路径。

5.1.2　创业者、消费者与政府三方博弈模型构建

绿色创业企业发展存在创业企业、消费者和政府三方,三方都是独立的利益群体,通过相互博弈达到自身利益最大化的目标,要实现绿色创业企业的可持续发展,必须考虑相关方的利益。正如宾默尔(2010)所说的那样,"如果一种制度安排不能满足个人理性就不可能实行下去,解决个人理性与集体理性之间冲突的办法不是否认个人理性,而是设计一种在满足个人理性前提下达到集体理性的机制"[162]。

1. 基本假设

(1) 政府、创业企业、消费者都是理性的,按照自身目标,在给定条件下,追求各自利益的最大化。其中,政府追求的是经济(税收)和社会(环境)综合效益最大化,消费者追求的是经济和环境效用最大化,企业是单纯的经济主体,追求单纯的经济利益。

(2) 政府不仅包括中央政府、地方政府,还包括环保、工商、财政等政府机构。

(3) 政府的策略为支持绿色产业和不支持绿色产业,创业企业的策略为绿色创业和传统创业,消费者的策略为绿色消费和传统消费。

(4) 只有创业者和消费者策略一致时,创业者才有获取创业成功的可能,创业者和消费者策略不一致,创业者提供的产品无法销售出去,创业将以失败告终。

2. 模型构建

在绿色创业企业发展过程中,创业企业、消费者、政府同时行动,在了解其他参与者信息的前提下,构建三方完全信息博弈模型:

R_1——绿色创业收益；

ΔR_1——政府扶持情况下绿色创业增加的收益；

R_2——传统创业收益；

F——政府对绿色创业扶持资金；

C——创业者的自有资金；

U——绿色消费相对于传统消费的额外收益；

I——绿色消费高于传统消费的成本；

ΔI——绿色创业企业增加了绿色产品供给后绿色消费降低的成本；

K——政府对绿色消费的补贴；

G——绿色消费所产生的社会效益；

α——税率；

x——消费者选择绿色消费策略的概率；

y——创业企业选择绿色创业策略的概率；

z——政府选择支持绿色产业的概率。

三方博弈收益矩阵见表 5.1。

表 5.1　三方博弈收益表

消费者		政府			
		支持		不支持	
		绿色消费	传统消费	绿色消费	传统消费
创业企业	绿色创业	$R_1+\Delta R_1+F-C$ $U-(I-\Delta I)+K$ $\alpha(R_1+\Delta R_1)+G-F-K$	$F-C$ 0 $-F$	R_1-C $U-(I-\Delta I)$ αR_1+G	$-C$ 0 0
	传统创业	$-C$ $U-I+K$ $G-K$	R_2-C 0 αR_2	$-C$ $U-I$ G	R_2-C 0 αR_2

5.1.3　模型求解

通过矩阵分析可知,该博弈模型不存在纯策略的纳什均衡。该博弈模型的混合策略纳什均衡求解过程如下。

消费者选择绿色消费策略的概率为 x,选择传统消费策略的概率就为 $1-x$;创业企业选择绿色创业策略的概率为 y,选择传统创业策略的概率就为 $1-y$;且 x,y,z 分别满足 $0 \leqslant x \leqslant 1, 0 \leqslant y \leqslant 1, 0 \leqslant z \leqslant 1$。

消费者的收益函数为:

$$U_1 = z\{y[x(U-I+K+\Delta I)]+(1-y)[x(U-I+K)]\}+ (1-z)\{y[x(U-I+\Delta I)]+(1-y)x(U-I)\}$$

$$(5.1)$$

对消费者收益函数中 x 求偏导数:

$$\partial U_1/\partial x = U-I+zK+y\Delta I \tag{5.2}$$

由公式(5.2)可以看出当 $U-I+zK+y\Delta I > 0$ 时,消费者才有意愿选择绿色消费策略。绿色消费的额外收益、政府选择支持绿色产业策略比例、创业者选择绿色创业比例、政府对绿色消费的补贴及绿色创业带来的绿色消费成本降低都是绿色消费的有利因素,唯一制约消费者选择绿色创业策略的因素为绿色消费的额外价格。

创业者的收益函数为:

$$U_2 = z\{y[x(R_1+\Delta R_1+F-C)+(1-x)(F-C)]+ (1-y)[x(-C)+(1-x)(R_2-C)]\}+ (1-z)\{y[x(R_1-C)+(1-x)(-C)]+ (1-y)[x(-C)+(1-x)(R_2-C)]\}$$

$$(5.3)$$

对创业者收益函数中的 y 进行求偏导数:

$$\partial U_2/\partial y = (z\Delta R_1+R_1)x+Fz-(1-x)R_2 \tag{5.4}$$

由公式(5.3)可以看出当 $(z\Delta R_1 + R_1)x + Fz - (1-x)R_2 > 0$ 时,创业者才有意愿选择绿色创业策略。消费者选择绿色消费策略的比例、绿色创业收益、政府选择支持绿色产业策略比例以及政府绿色创业扶持资金、政府扶持产生的额外绿色创业收益都有利于创业者选择绿色创业策略。唯一制约创业者选择绿色创业策略的因素是传统创业收益。另外,消费者选择绿色消费策略比例对创业者选择绿色创业策略的影响是双重的,绿色消费是影响创业者策略选择的重要影响因素。

政府的收益函数为:

$$U_3 = z\{xy[\alpha(R_1 + \Delta R_1) + G - F - K] - y(1-x)F +$$
$$x(1-y)(G-K) + (1-x)(1-y)R_2\alpha\} +$$
$$(1-z)\{xy(\alpha R_1 + G) + x(1-y)G + (1-x)(1-y)R_2\alpha\}$$

$$(5.5)$$

$$\partial U_3/\partial z = x(\alpha y\Delta R_1 - K) - F \qquad (5.6)$$

由公式(5.6)可以看出,当 $x(\alpha y\Delta R_1 - K) - F > 0$ 时,政府才有意愿选择支持绿色产业策略。消费者选择绿色消费策略比例、创业者选择绿色创业比例、税率、政府扶持产生的额外绿色收益都是政府选择支持绿色产业策略的有利因素。制约政府选择支持绿色产业的因素为扶持资金。无论是 x 还是 y 为 0 时,$\partial U_3/\partial z$ 都为负数,这说明政府支持绿色产业发展的条件时无论是消费者,还是创业者都要有一定的绿色意识。当 $\Delta R_1 = 0$ 时,$\partial U_3/\partial z$ 也为负数,这说明政府扶持产生的额外绿色收益是政府支持绿色产业的重要因素,政府在进行扶持决策时,主要考虑这种决策是否能获取税收回报。

5.1.4 结论

(1) 绿色消费成本是影响绿色产业发展的根本性原因。

由式(5.2)、式(5.4)可以看出,绿色消费成本是影响消费者选择绿色消费策略的唯一障碍性因素,只要绿色消费成本低至使 $\partial U_1/\partial x > 0$, x 自动成长为 1,当 $x = 1$ 时, $\partial U_2/\partial y > 0$,此时即使政府不支持绿色产业发展,消费者、创业者也都会自觉选择绿色消费策略、绿色创业策略。降低绿色产品价格成为绿色产业可持续发展的根本性因素,创业企业应致力于降低绿色产品价格,如果绿色创业企业无法降低绿色产品价格,即 $\Delta I = 0$ 时,再多的企业采取绿色创业策略都无益于绿色消费的发展。

(2) 提升消费者环保意识宣传是促进绿色产业发展的有效策略。

绿色产品的绿色效用是消费者愿意消费绿色产品的根本原因,如果消费者没有环保意识,即使政府给予一定补贴也无济于事。例如,虽然政府对综合利用秸秆给予了一定补贴,但农村燃烧秸秆现象依然屡禁不止。国家虽然对发泡塑料餐具明令禁止,并对环保餐具进行适当补贴,但消费者却依然对发泡塑料餐具情有独钟,环保餐具销售低迷。政府应加大环保宣传力度,培养公民环保意识,使其认识到环境污染的严重性,提升公民绿色消费热情。

(3) 绿色创业者应选择传统创业收益率低的夕阳产业寻找机会。

根据式(5.4)传统产业收益率是影响创业者选择绿色创业策略的唯一障碍性因素。对于收益率高的产业,创业者没有动力采取绿色创业策略,例如,绿色建筑 20 世纪末,就作为实施可持续发展战略的任务之一,已被世界许多国家所接受,但至今我国绿色建筑依然十分稀少。而对于收益率较低的夕阳产业却蕴含着较多绿色创业机会,近年来,光伏产业的发展与煤炭等资源的逐渐枯竭有很大关系。

(4) 政府绿色产业扶持既要支持绿色创业又要支持绿色消费。

绿色创业发展需要消费者、创业者和政府的协同,政府的一厢情愿无助于绿色产业的可持续发展。政府作为公共利益的代表,是最热衷于绿色产业的发展的,但根据式(5.6)可以看出,创业者和消费者任何一方如果没有绿色倾向,政府收益都将为负数。

(5) 能否提升绿色创业收益是衡量政府扶持有效性的重要指标。

根据式(5.6)可以看出,只有政府扶持提升绿色创业收益足够高,才能弥补政府在绿色创业和绿色消费上的支出。政府扶持绿色创业企业要以是否能够提升绿色创业企业收益为衡量标准,而不能只要是绿色创业项目就不加分辨地支持。对于不成熟型绿色创业项目,政府的扶持资金只是杯水车薪,难以改变项目的命运;而对于成熟型绿色创业项目,政府的扶持资金也只是锦上添花。政府应加强对成长型绿色创业企业的扶持,把钱花在刀刃上,切实帮助需要帮助的企业渡过难关,成功创业。

5.2 基于系统动力学的创业企业孵化器可持续发展研究

5.2.1 研究背景

管理学大师德鲁克在 1985 年出版的《创新与创业精神》一书中指出,从 20 世纪 70 年代中期开始,美国经济率先从"管理型"经济向以"创新"为重要价值的"创业型"经济进行了转变,并指出当美国就业面临压力的时候,是因其经济体系发生了这种转变而改变了这一危机。而初创企业资源禀赋匮乏,仅有未经核实的人力资本,却要在承担不确定风险的情况下把握先动与创新。为促进创业企业实现潜在的价值,提高创业企业的成功率,政府需要给创业企业必要的支持。创业企业孵化器作为为创业企业提供局部优化的外部环境、帮助创业企业解决成长过程中出现的问题和困难的一种新型社会经济组织就应运而生了[163]。

自 1987 年我国首家企业孵化器"武汉东湖新技术创业服务中心"成立以来,我国企业孵化器历经 20 多年,形成了一定的规模,取得了很大的成就,但在实践运行中也暴露出包括可持续发展问题在内的很多有待解决的问题。由于我国孵化器大多数是由政府组建,具有比较浓厚的行政化色彩,很多孵化器只讲投入,不讲产出,不善经营,长期依赖政府支持;盈利大多是靠场地租金和物业管理的收入,而其他方面的收入很少等原因,这使我国创业孵化器的运营绩效不高。研究表明,营利型孵化器中盈利的占 39.4%,亏损的也占 39.4%,持平的占 21.2%;而非营利型孵化器中,盈利、亏损和持平的比例分别为 30%、30% 和 40%[164]。孵化器的运作不能只是花钱,在竞争日趋激烈的经济社会中,孵化器如果只是无偿地为他人作嫁衣,不仅本身难以做大,而且势必造成财务困难[165]。没有充分、合理的资金来源,任何经济组织都难以实现可持续发展,企业孵化器为孵化更多的创业企业,以及维持自身的生存与发展,仅靠政府的投资和财政补贴是不够的,需要通过不断的增资,来取得它的可持续发展[166]。

孵化器的可持续发展首先是个系统问题,孵化器的可持续发展的关键是包括政府、孵化器、在孵企业、中介组织等各主体的协同发展,孵化器是具有自组织性、自适应性的复杂开放系统(钟卫东,2006)。既然孵化器可持续发展是个系统问题,就应该用系统的方法来解决。而系统动力学恰恰是基于系统论,吸收控制论、信息论的精髓,结合耗散结构理论、协同论、突变论等脱颖而出的一门新兴交叉学科[167]。孵化器的可持续发展研究不仅仅关注孵化器当前的运行状况,更关注于孵化器未来运行状况,时间是可持续发展研究必不可少的自变量。D. L. Meadows 在《增长的极限》一书的序中写道:"我们相信,系统动力学是现今适用于处理空间-时间图表上远处出现的各种问题的最有用的模型"[5]。本研究在深入分析孵化器可持续发展系统的构成要素及其各要素之间相互关系的基础上,建立孵化器可持续发展系统动力学模型,并通过仿真对模型的运行结果进行分析和讨论。

5.2.2 模型构建

（1）建模目的

创业企业孵化器通过一系列服务和支持,帮助创业企业克服困难,降低风险,帮助创业企业成长,为社会提供更多的就业机会,进而提升社会效益。然而,孵化器也是一个利益主体,在为社会创造社会效益的同时也有经济效益的追求,社会效益和经济效益的不协调影响创业企业孵化器的可持续性发展。对于孵化器而言,经济收益可选择依靠租金和物业管理费收入,也可依靠参股创业企业获取收益,服务模式既可以提供服务型支持,也可以提供成长型支持。不同的收益策略和服务模式对于创业企业的成长、孵化器收益具有复杂的动态的反馈关系、因果关系,需要借助系统建模的手段对各项措施的效果进行模拟和仿真,判断各项政策的效果和作用,以有利于做出正确的决策。此处构建模型的目的,就是通过构建系统动力学模型,对不同收益策略和服务模式对创业企业孵化器的可持续发展的影响进行系统仿真,研究创业孵化器收入、在孵企业、毕业企业的变化趋势,从而为正确决策提供依据。

（2）模型结构

本系统动力学模型主要分为 3 个子系统:孵化器收益子系统;在孵企业数量子系统;毕业企业数量子系统。系统构成如图 5.1所示。

（1）孵化器收益子系统

模型中假设孵化器的收入有两种来源:一是租金和物业管理费;二是参股创业企业获取分红收入。孵化器的支出主要包括固定性办公支出、对创业企业的服务性支出和对创业企业的成长性支出。参股企业分红收入与参股比例、在孵企业数量、在孵企业利润、毕业企业数量、毕业企业利润有关系。服务性支出对于入孵企业增速有关系,服务性支出越多,愿入孵创业企业越多。成长性支出对于毕业企业增速有关系,成长性支出越多,在孵企业成长越快,毕业企业速率就越高。

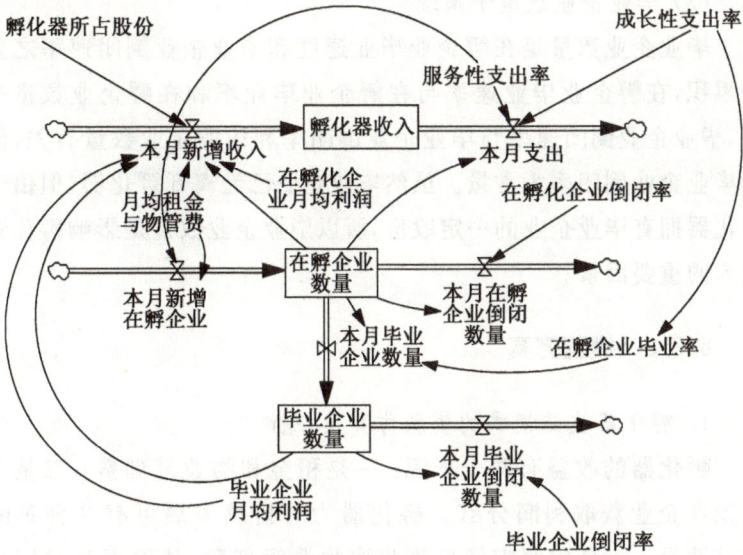

图 5.1　孵化器可持续发展系统动力学流图

（2）在孵企业数量子系统

模型中在孵企业数量是入孵企业流速和毕业企业、在孵倒闭企业流速之差的累积,创业企业入孵速率和孵化器收入的租金和服务性支出成正相关关系,创业企业经济资本匮乏,优惠的租金和服务性支出将能减轻创业企业经济负担,降低创业者创业门槛,吸引创业者入孵创业。毕业企业流速与在孵企业成长有关,在孵企业成长一定阶段具备一定的风险承受能力,孵化器完成了应有的使命,在孵企业就要毕业并离开孵化器,而企业的成长是个持续的过程,从刚刚入孵到成长为毕业企业需要一定时间的成长与积累,所以本模型中将毕业企业速率设置为延迟函数。本研究假设在孵企业倒闭率为常量,在孵企业倒闭速率为在孵企业倒闭率和在孵企业的乘积,企业从创业到倒闭也是一个持续的过程,所以在孵企业倒闭速率也应设置为延迟函数。

(3) 毕业企业数量子系统

毕业企业数量是在孵企业毕业速度和毕业企业倒闭速率之差的累积,在孵企业毕业速率与在孵企业毕业率和在孵企业数量有关,毕业企业倒闭速率与毕业企业倒闭率和毕业企业数量有关,假设毕业企业倒闭率为常量。虽然毕业企业已经离开孵化器,但由于孵化器拥有毕业企业的一定股份,所以毕业企业数量是影响孵化器收入的重要因素。

5.2.3 模型仿真

1. 孵化器收益模式的模型仿真及分析

孵化器的收益有两个来源:一是租金和物业管理费;二是参股创业企业获取利润分红。孵化器为可持续发展可有 3 种策略供其选择:一是按照市场价格收取物业管理费,从而无法参股创业企业,假设租金和物业管理费的市场价格是每月 5 万元人民币;二是不收取任何租金和物业管理费,从而提高参股创业企业分红比例,假设不收取任何租金的情况下可换取 2% 的股份;三是按照弥补可变成本的价格收取物业管理费,从而降低参股企业比例,可变成本为每月 1 万元,参股比例为 1.6%。利用 Vensim 软件对 3 种策略的运行结果进行仿真,3 种策略对孵化器收入的影响如图 5.2 所示。

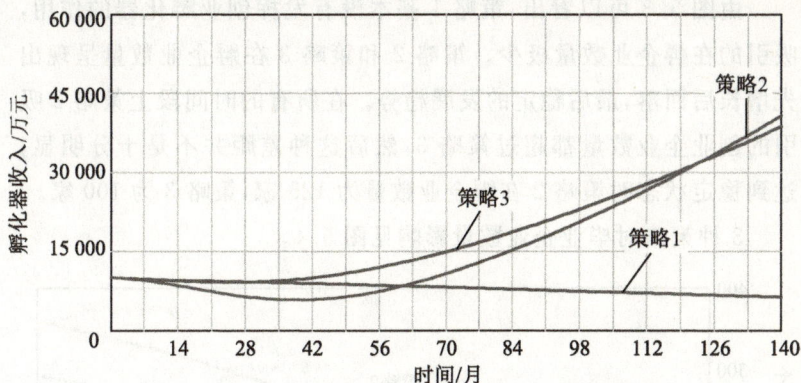

图 5.2　三种收益策略对孵化器收入的影响

由图 5.2 可以看出，策略 1 虽然使孵化器短期内亏损不大，但是会使其处于持续亏损状态。策略 2 使孵化器长期收益最大，在第 120 个月左右收益就能超过所有收益策略，但是策略 2 会使孵化器的短期亏损严重，在第 35～40 个月是孵化器最困难的时候，如果没有足够的资本量作为支撑，孵化器在三年左右的时间就会入不敷出，难以为继。策略 3 虽然长期收益略低于策略 2，但这种策略前期亏损较少，收益较快，大约在第 42 个月就可以盈利。

3 种策略对在孵企业数量的影响如图 5.3 所示。

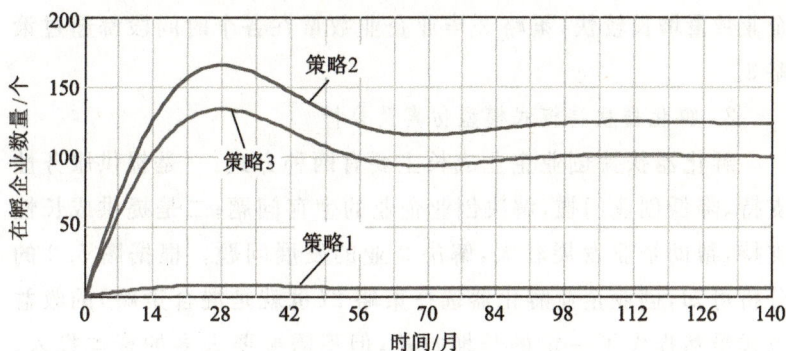

图 5.3　三种收益策略对在孵企业的影响

由图 5.3 可以看出,策略 1 基本没有发挥创业孵化器的作用,吸引的在孵企业数量极少。策略 2 和策略 3 在孵企业数量呈现出先增长后回落,最后稳定的发展趋势。在所有的时间段上策略 2 吸引的创业企业数量都超过策略 3,然后这种差距并不是十分明显,达到稳定状态时策略 2 在孵企业数量为 125 家,策略 3 为 100 家。

3 种策略对毕业企业数量影响见图 5.4。

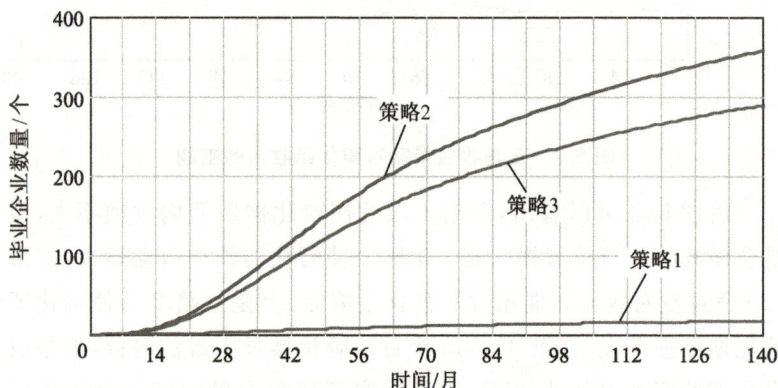

图 5.4　三种策略对毕业企业数量的影响

由图 5.4 可以看出,3 种策略对毕业企业数量的影响类似于对在孵企业的影响,策略 1 毕业企业数量极少,策略 2 和策略 3 毕业企业数量增长较快,策略 2 毕业企业数量在各个时间段都超过策略 3。

2. 孵化器扶持模式模型仿真及分析

孵化器扶持创业企业成长主要有两种方式:一是提供服务性支持,降低创业门槛,解决创业企业的生存问题;二是提供成长性支持,帮助企业发展壮大,解决企业的发展问题。根据图 5.2 的分析可知,创业企业孵化器选择策略 2(也就是混合策略)的收益方式虽然损失了一定的长期收益,但不需要太多的资本投入,比较适合于绝大部分创业企业孵化器。所以,本研究假设孵化器采用了策略 2 的收益模式情况下,研究扶持模式对创业企业孵化器收入、在孵企业数量和毕业企业数量的影响。孵化器有 3 种扶持模式。

模式 1——孵化器对每个在孵企业每月提供 0.5 万元的成长性支持资金和 0.5 万元的服务性支持资金。

模式 2——孵化器对每个在孵企业每月提供 1 万元的成长性支持资金和不提供服务性支持资金。

模式 3——孵化器对每个在孵企业每月不提供成长性支持资金和 1 万元的服务性支持资金。

3 种扶持模式对孵化器收入的影响如图 5.5 所示。

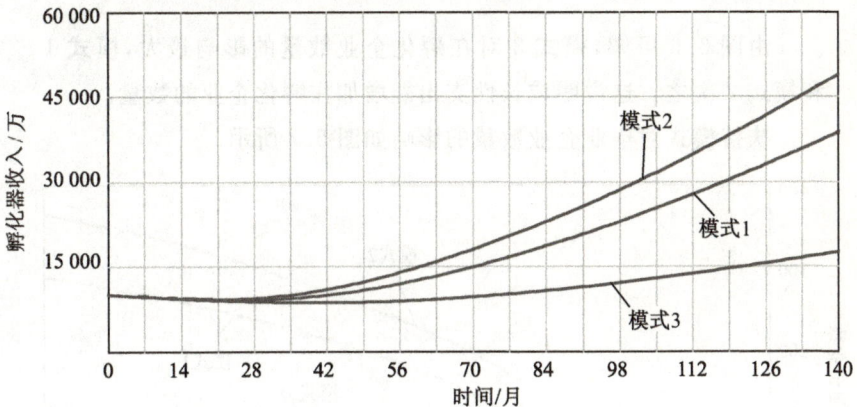

图 5.5　扶持模式对孵化器收入的影响图

由图 5.5 可以看出,模式 3 孵化器收入最低,模式 2 孵化器收入最高,模式 1 孵化器收入居中,而且模式 3 与模式 2、模式 1 有较大差距。这说明,成长性支出是提升创业孵化器的最有效手段。

3 种扶持模式对在孵企业数量的影响如图 5.6 所示。

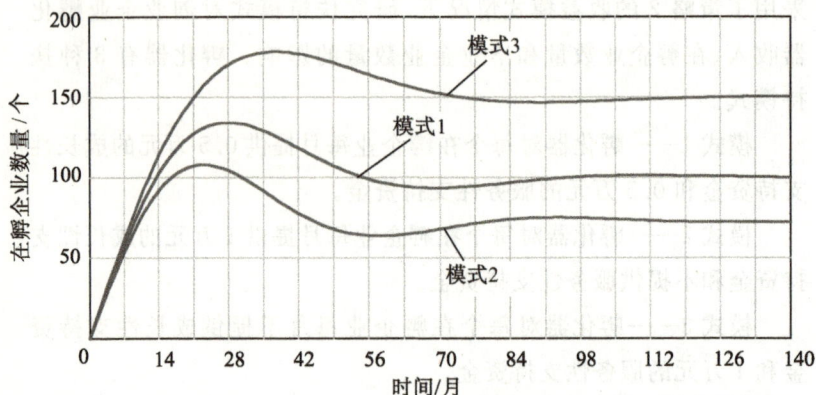

图 5.6　扶持模式对在孵企业数量的影响图

由图 5.6 可知,模式 3 对在孵化企业数量的影响最大,模式 1 和模式 2 次之。这说明成长性支出能增加在孵化企业的数量。

扶持模式对毕业企业数量的影响如图 5.7 所示。

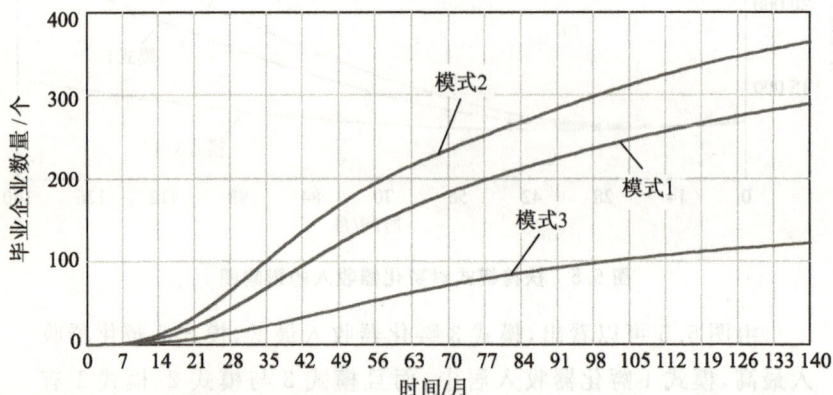

图 5.7　扶持模式对毕业企业数量的影响图

由图 5.7 可知,扶持模式对毕业企业数量的影响与扶持模式对在孵企业数量的影响并不一致,扶持模式对在孵企业数量的影响次序为模式 3>模式 1>模式 2,而扶持模式对毕业企业数量的影响次序却为模式 2＞模式 1＞模式 3。这说明服务性扶持造成的是虚假繁荣,使在孵企业数量增加,效果显著,而真正使创业企业成长为成熟企业的却并不是太多。

5.2.4 结论与启示

1. 结论

根据模型仿真结果可得出以下结论:

(1) 创业企业孵化器可吸引众多的创业者入孵创业,可加速创业企业成长速度,是鼓励创业、发展创业型经济的重要举措。

(2) 租金及物业管理费是创业企业孵化器重要收入来源,但创业孵化器不能单纯依靠租金与物业管理费维持运营。如果依照市场价格收取租金和物业管理费,创业企业孵化器不仅要持续亏损,经济效益低下,而且也无法吸引创业企业入孵创业,社会效益也无法提高。

(3) 免除租金与物业管理费可降低创业门槛,大大减轻创业者负担,对创业企业有很大的吸引力。在可将免除费用可作为资本入股的前提下,从长期来看,无论是孵化器的经济收益,还是孵化器功能的发挥都超过其他收益策略。但这种策略也存在一定的缺陷,这种缺陷主要体现为孵化器前期亏损额度较大,持续时间较长。

(4) 租金及物业管理费、资本入股收益混合收益模式可弥补单纯依靠租金及物业管理费或单纯依靠资本入股收益的弊端,既能保证创业孵化器的可持续发展,又能充分发挥创业企业孵化器的功能。

(5) 服务型扶持策略可吸引创业企业入孵创业,成长型扶持策略是促进创业企业成长的根本策略。

2. 启示

(1) 政府应完善法律制度,规范创业企业孵化器投资创业企业行为。孵化器入股创业企业需要良好的法律环境作为保障,然而现行的《中华人民共和国公司法》和《中华人民共和国合伙企业法》中仍旧存在着一些不利于创业投资发展的法律条款,需要立法加以完善;应制定《创业投资促进法》,针对扶持创业企业的对象、认定标准或条件、主管部门、扶持措施和程序等作出具体规定,重点是将国家已有的促进科技成果开发与转化、国家扶持投资、担保、政府采购、税收优惠等政策上升为具有可操作性的法律规范[168]。

(2)政府扶持创业企业孵化器的策略应是前期以提供启动资金的方式帮助创业企业孵化器。创业企业孵化器投资较大,前期亏损严重且持续时间较长,需要大量资金支持,但一旦运行到拐点,达到良性循环阶段,就能自我持续发展。政府扶持创业孵化器的策略应是前期提供大量启动资金,帮助孵化器克服资金困难。提供资金的方式可以是直接投资方式,也可以是提供低息贷款的方式。例如,美国马里兰技术开发中心由州政府提供 400 万美元(50%)的投资、县政府提供土地;日本相模原孵化中心 96% 的投资来源于政府[169]。

(3)创业企业孵化器应根据创业企业孵化器的发展阶段相机选择扶持策略。在创业企业孵化器运行的前期阶段,由于在孵企业较少,创业企业孵化器应加大服务性支出,吸引更多的创业企业入孵创业。在创业企业孵化器运行到一定阶段后,就应将加强成长型扶持力度,促进中小企业成长。

(4)创业企业孵化器收益模式应根据创业企业孵化器资本存量相机选择策略。在创业企业孵化器经济资本足够多的情况,创业企业孵化器可选择以租金和物业管理费参股创业企业的收益方式,这不仅可以帮助更多的创业企业取得创业成功,而且还可获取较大的长期收益。在创业企业孵化器经济资本不是十分充足的情况下,可选择租金及物业管理费和参股创业企业混合的收益方式,因为这种混合模式虽然收益及帮助的创业企业没有前者高,但可以弥补短期资金缺口,实现创业企业孵化器的可持续发展。

5.3　创新创业人才发展研究——以镇江市为例

随着资源要素的约束和成本上升,镇江经济发展的低成本优势正逐渐丧失。实现镇江经济发展由低附加值向高附加值,由高能耗向低能耗,由粗放向集约型转变是当前迫切需要解决的问题。而要实现经济的转型升级,最关键的是创新创业型人才,由技术创新引领创业,由创业氛围激发创新热情,通过创新创业实现经济的转型升级。

5.3.1　"十二五"镇江市双创人才发展现状①

1. "十二五"镇江市双创人才发展取得的成绩

"十二五"期间,镇江市高度重视创新创业人才发展,在创新驱动战略和人才强市战略引领下,紧紧围绕经济社会事业发展需要,不断加强创新创业人才发展,创新创业人才工作取得了明显成效。

（1）双创人才政策进一步完善

"十二五"期间镇江市委、市政府把创新创业人才工作摆到了重要战略地位。镇江市国民经济与社会发展"十二五"规划提出建设创新型人才高地的目标。为深入贯彻落实全国、全省人才工作会议精神,进一步推进"科教兴市"和"人才强市"战略,镇江市在"十二五"期间实施了镇江市创新创业领军人才集聚计划（简称"331 计划"）。为贯彻落实十八大精神,增强人才集聚效应,镇江市于 2013 年 2 月出台了《建设镇江市"人才特区"的实施意见》,此意见将创新创业人才培育工程列为六大工程之一,重点培养擅长经营、精于管

---

① 本部分数据来自于江苏省人才发展统计公报（2015）。

理、善于创新、勇于创业的创新创业人才。这一系列政策措施的出台和实施,为镇江人才工作打下了良好的基础,也为镇江创新创业人才发展提供了保障。

（2）创新创业人才数量明显增加、质量明显提升

镇江市通过出台系列人才政策,以产业集聚人才,以人才引领产业,"走出去"与"请进来"相结合,创新创业人才集聚态势日益强劲。在高层次创新创业人才方面,累计引进"千人计划"15人,与常州、泰州并列全省第四,其中创业类千人计划8人,全省排名第五。累计引进省双创人才212人,全省排名第五,累计引进省双创人才团队15个,全省排名第四。累计引进双创博士99人,全省排名第十一,综合引进人才指数为0.416,全省排名第五。创新创业人才数量明显增加、质量明显提升,为实现镇江创新驱动发展注入了强大动力和活力。

（3）创新创业人才成效逐步呈现

人才创新贡献率为0.522,全省排名第六。万人专利申请数为79件,全省排名第四;年专利授权1.27万件,全省排名第五;年发明专利授权1 274件,全省排名第五;累计有效发明专利4 082件,全省排名第六。2014年高新技术产业产值为3 901亿元,全省排名第七;人均12.3万元,全省排名第二。人才驱动创新引擎作用不断发挥,人才对经济的推动作用不断体现。例如,惠龙港通过引进邓林忠博士为首的创新团队,首创中国货物运输集中配送场内交易电商新模式,推动了产业的转型升级。

2. 双创人才发展存在的问题

"十二五"期间,镇江市创新创业人才工作和创新创业人才队伍建设取得了明显成效,但是,随着创新驱动战略的实施,高端装备制造、新材料、新能源、新一代信息技术、航空航天、生物技术与新医药等战略性新兴产业的快速发展,镇江市创新创业人才还不能完全适应"十三五"期间经济社会发展的需要,突出表现在:

（1）总体规模不大，创新创业人才集聚能力有待提高

创新创业人才队伍建设虽然取得了一定的成绩，但创新创业人才总体规模还较小。在省科技企业家人数（排名第八）、市科技企业家人数（排名第十）、从事科技活动人数（排名第八）、从事研发活动人数（排名第六）等总量指标在全省还处于中下水平，尤其是与苏南自主创新示范区其他城市相比具有较大差距。虽然，这是由于镇江地域面积较小、人口较少等客观因素造成的，但对镇江人才集聚能力会造成不利影响。人才规模是人才集聚的前提和基础，人才只有达到一定的规模才会产生信息共享、集体学习、知识溢出等效应，人才集聚现象才会产生，区域人才吸引力才会增强。

（2）高层次创新创业人才比较稀缺

镇江缺乏杰出的创新型领军人才，能够站在国际前沿的拔尖人才更是匮乏，关键产业领域面临优秀创新型人才稀缺的局面，特别是在战略性新型产业发展过程中掌握核心技术的人才严重不足。在国家"千人计划"人才方面，镇江有 15 人，虽然排名全省第四，但仅相当于南京（257 人）的 5.8%，苏州（187 人）的 8.0%，无锡（80 人）的 18.8%。在国家有突出贡献的中青年专家方面，镇江有 5 人，排名全省第七，但仅相当于南京（176 人）的 2.84%，苏州（19 人）的 26.31%，无锡（16 人）的 31.25%。在省有突出贡献的中青年专家方面，镇江有 83 人，排名全省第九，仅相当于南京（979 人）的 8.48%，苏州（211 人）的 39.33%，无锡（185 人）的 44.86%。

（3）创新创业人才发展环境亟须改善

人才竞争实际上是人才发展环境的竞争，习总书记说"环境好，则人才聚、事业兴"。镇江作为江苏省面积最小的地级市，存在区域位置、经济发展等"硬实力"的先天不足，更需要在人才发展环境上下大功夫。当前创新创业人才发展环境还存在以下问题：第一，在创新创业人才管理体制上，条块分割、职能交叉、多头管理的体制尚未根本改变，行政手段在创新创业人才管理中依然占有主导地位，

用人单位和个体的自主权尚未真正落实,用人单位在创新创业人才引进与培养方面的积极性没有得到充分调动,市场化的创新创业人才资源配置机制没有完全建立;第二,在创新创业人才发展氛围方面,官本位现象比较严重,特别是高校、科研机构形成争做行政官员的倾向,"小码头"保守思想还比较严重,勇于创新创业、乐于创新创业的氛围还没有形成,利于创新创业人才自由成长、自由竞争的格局还没有形成。

(4)双创人才规划需要进一步细化

"十二五"期间实施的"331计划"具有宏观性和整体性的特征,微观的、具体的产业人才规划相对比较缺失。缺少微观的、具体的产业人才规划,致使双创人才发展与产业的结合度不够紧密,引进的部分高端人才没有对传统产业的转型升级或对新兴产业的快速发展做出应有的贡献,部分人才产出效益不高。

(5)双创团队建设需要进一步加强

创新创业的成功单凭个人是无法完成的,需要一支知识结构完善、专业覆盖面广、技术能力突出的创新创业人才队伍。"十二五"期间,镇江高度重视高端创新创业人才的引进,给予了具有吸引力的资金支持和政策支持,而对于具有博士、硕士学位的研发型人才支持力度不大。镇江人才集聚能力较弱,致使引进的高端人才普遍遇到人才团队构建的困难。

5.3.2 "十三五"镇江双创人才发展的指导思想与思路

1."十三五"镇江双创人才发展的指导思想

高举中国特色社会主义伟大旗帜,全面贯彻党的十八大和十八届三中、四中、五中全会精神,认真落实习近平总书记系列重要讲话特别是视察江苏重要讲话精神,紧紧围绕"四个全面"战略布局和"五大发展理念",服务于镇江"创新驱动、协调共进、绿色共赢、开放合作、民生共享"五大发展战略,进一步提高创新创业人才引进的精准度,进一步加大创新创业人才开发力度,加快创新创业人才结构调整,深化创新创业人才制度改革,优化创新创业人才发展环境,推动创新创业人才事业向更广范围拓展、更高层次提升、更优路径转型,全面激发创新创业人才创造力,释放创新创业人才生产力,打造创新创业人才新质态,推动创新创业热潮的涌动,为建设"强富美高"新镇江提供坚强有力的人才支撑和智力支持。

2."十三五"镇江双创人才发展的基本理念

(1)制度创新发展理念

创新创业人才不同于一般性人才,需要具备科学家创造力与企业家创新精神的复合特质,需要抓好将知识变成技术、把技术变为产业两个环节,需要完成将知识创新的成果孵化为新技术和企业的重要任务。创新创业人才事业心更强、素质更高、思维更加活跃、理念更加新颖、视野更加开阔,创新创业人才发展的难度更大、要求更好。创新创业人才发展需要从创新创业人才特征与需求出发,以国际化的视野,创新人才管理体制、创新人才引进政策、创新人才培养模式、创新人才激励机制,发挥创新创业人才制度建设的先发优势,推动镇江创新创业人才工作更好发展。

(2)统筹协调发展理念

创新创业人才发展是一个整体、一个系统,需要各方面、各环节、各因素协调联动。坚持统筹协调发展理念,需要在创新创业人才发展过程中,注重以下问题的协调:首先,是要注重创新创业人才引进、培养、使用、评价、激励等环节的协调,五个环节应能够相互促进、相互协同,使其成为良性发展的循环;其次,要注重创新创业人才发展与经济社会发展的协调,创新创业人才发展要以支撑镇江经济发展和技术发展为目标,要围绕重点产业、重点领域、重点项目有针对性地开展创新创业人才队伍建设;最后,还要注重创新创业人才发展过程中政府行政手段和市场经济手段的协调,要使两种手段有机统一、相互补充、相互协调、相互促进,推动创新创业人才工作良性发展。

（3）积极开放发展理念

习总书记指出"开放首先是人的开放,只有真正实现人才开放,才能真正实现对外开放,才能切实推进全面深化改革"。创新创业人才发展要坚持开放共赢的发展理念,需要从以下几个方面做起:首先,要坚持公平开放,为创新创业人才打造公平的环境,在人才引进、人才培养、人才激励等方面,在国籍、户籍、企业所有制等方面做到公平对待;其次,要坚持双向开放,既要吸引优秀创新创业人才到镇江发展,也鼓励镇江人才走出去学习先进经验;最后,要坚持主动开放,积极参与苏南现代化示范区、宁镇扬一体化等相关区域人才政策制定,在主动开放中提高创新创业人才发展水平。

3. "十三五"镇江市双创人才发展的基本原则

（1）政府引导,市场决定的原则

创新创业人才发展要坚持市场化原则,减少行政干预,由"政府主导"向"政府引导,市场主导"进行转变,政府把工作重点放到市场环境的营造中去,放到为创新创业者服务当中去,运用市场化的机制、市场化的方法,促进创新创业人才的发展。

（2）人才优先,引领发展原则

加快确立人才优先发展的战略布局,以人才优先发展引领创新驱动发展。通过人才资源优先开发、人才结构优先调整、人才投资有限保证、人才制度优先创新实现技术创新、工艺创新、产品创新和管理创新,通过创新为经济的转型升级提供新动能,为社会提供新业态、新供给。

（3）国际视野,高端集聚原则

要以更加开放的视野引进和集聚人才,加快集聚具有行业科技前沿、国际视野的领军人才,突出国际化、高端化的特征,加大海外高层次人才引进力度,推出海外人才引进政策,建立更为灵活的人才管理体制，为海外高层人才集聚提供便利化服务。

（4）优化环境，协调推进原则

尊重创新创业不确定性强的发展规律，营造"理解失败""宽容失败"的环境氛围，为创新创业人才提供政府托底服务和保障，消除创新创业者的后顾之忧。优化创新创业人才发展环境，协调推进大学生、科技人员、企业员工、海归、连续创业者等主体的创新创业活动。

4. 镇江市双创人才发展目标

努力把镇江建成创新创业人才集聚高地，创新创业人才发展的主要指标达到国际先进水平，具体目标如下：

（1）创新创业人才规模不断壮大

创新创业人才每年保持 10% 速度增长，努力做大增量、做优存量，打造苏南创新创业人才高地。

（2）创新创业人才素质大幅度提升

引进和培育国内外顶尖创新创业人才 3 名左右，国家级领军人才 20 名左右，省领军型创新创业团队 15 个左右。入选国家"千人计划"人选 30 名左右、省双创团队 30 个。

（3）创新创业人才效能明显增强

人均人才专利申请和授权量处于全省城市前列，人才所支撑的高新技术产业增长速度高于 GDP 增长速度。

（4）创新创业人才发展环境明显优化

以人才政策突破和体制机制创新为重点，在创新创业人才引进、人才培养、人才激励、成果转化、创业孵化、创业融资等方面先行先试，大力建设创新创业人才高度集聚、创新资源深度融合、创新机制开放灵活、创新活力竞相迸发的创新创业人才发展环境。

5.3.3　镇江市双创人才发展策略

1. 培育三支创新创业人才队伍

以建设"强富美高"的新镇江为目标,服务镇江新兴战略产业发展,服务镇江生态领先的发展战略,大力培育新兴产业创新创业人才队伍、现代服务创新创业人才队伍和绿色创新创业人才队伍。

围绕镇江重点发展的高端装备制造、新材料、新能源、航空航天、生物技术与新医药、新一代信息技术等新兴产业,大力引进和培育一大批引领战略性新兴产业发展的领军型创新创业人才和团队。到 2020 年,大力引进并培育扶持 50 个左右"既有技术专家也有管理专家,拥有完全自主知识产权、具有持续创新能力、管理模式先进、能够引领镇江产业转型升级"的战略性新兴产业创新创业团队;引进培育 100 名左右在战略性新兴产业领域有重大突破或重要科技成果转化产生较大经济效益、引领作用显著的领军人才,由此带动引进和培育 2 000 名左右掌握关键核心技术并推动产业技术发展的高端人才。

围绕镇江重点发展的现代物流、文化创意、现代商贸、商务金融、软件信息和科技服务等现代服务业,遵循"规划牵引、保障有力、引培并举、紧缺先行、优化环境、整体推进"的原则,充分发挥政府的导向功能,调动企业、个人的积极性,为加快镇江现代服务业发展提供人才支撑。到 2020 年,大力引进并培育扶持 20 个左右"既了解市场需求,又熟悉国际规则"的现代服务业创新创业团队;引进培育 40 名左右在现代服务业领域有重大突破或较大经济效益、引领作用显著的领军人才,由此带动引进和培育 800 名左右掌握关键核心技术并推动现代服务业发展的高端人才。

为完成生态旅游城市、现代化山水花园城市和文化旅游名城建设目标,加快构筑绿色化生产生活体系、花园化宜居城乡环境和绿色生态开敞空间,推进低碳循环发展,镇江应以"生态领先,特色发展"的理念为指导,大力引进与培育从事城市空间规划、海绵城市设计与建设、生态科学研究、生态工程技术设计、生态保护、生态修复、工程及管理咨询服务等领域的生态城市建设领军人才。到 2020年,大力引进并培育扶持 10 个左右"既有绿色技术,又具有市场敏感性和创业精神"的绿色创新创业团队;引进培育 20 名左右在绿色环境领域有重大突破或较大经济效益、引领作用显著的领军人才,由此带动引进和培育 400 名左右掌握关键核心技术并推动绿色产业发展的高端人才。

2. 搭建双创人才发展四大平台

(1) 搭建"政府—高校—企业"协同创新平台

围绕加快自主创新和产业结构调整,充分调动江苏大学、江苏科技大学等驻镇高校,眼镜产品质量监督检验中心、镇江市农科所等研究机构,以及依视路中国眼镜开发及评估中心、恒顺国家食醋工程技术研究中心等企业研发机构积极性,突破产学研结合体制机制障碍,为人才创新释放空间。支持知名高校和科研院所继续在镇江设立分支机构,共建重点实验室、技术研发中心、技术转移转化中心、实验基地,支持镇江企业成立产品技术研发机构,鼓励企业建立博士后工作站,努力为人才创新搭建广阔的舞台。

(2) 构建由"众创空间、创业孵化器、创业加速器"构成的创业服务平台

围绕增强服务镇江经济社会发展的能力,加强不同类别的创业载体和服务平台建设,探索官、产、学、研一体化研发转化载体,构建由"众创空间、创业孵化器、创业加速器"构成的系统创业生态系统。从服务功能来说,众创空间是培养创业能力,营造创业氛围;孵化器提供的是维持科技型小企业生存和发展所必需的基础服务;加速器针对高成长性企业提供系统化的服务;从服务内容、层次来说,众创空间提供办公场所和软硬件支撑;孵化器一般仅提供基础型的服

务;加速器提供基础型服务、发展型服务、延伸型服务。

（3）加强创新创业人才协会建设,搭建创新创业人才交流的平台

镇江应加强江苏省人才创新创业促进会镇江分会、镇江市海外交流协会、镇江市科学技术协会等行业协会的组织的建设,积极筹建镇江创新创业人才俱乐部,为创新创业人才交流提供必要的场所和设施;通过论坛、培训、竞赛、聚会、展览等多种方式开展镇江创新创业人才交流活动,让创新创业人才在互动交流中获得信息和灵感,促进创新创业人才成长。

（4）搭建科技创新创业资源共享平台

搭建科技创新创业资源共享服务平台是按照开放性和资源共享性原则,为镇江中小企业与创业者提供仪器设备共享、技术交易、政策咨询等服务,以整合镇江境内科技资源,促进区域科技创新,推动科技进步,更好地为镇江中小企业创新创业提供专业性技术服务。

创新创业资源共享平台建设要坚持市场化运作的原则,鼓励具有科技服务经验的中介机构参与其中。从运作模式上,可参照南京"资金科技热线"的运作模式,主动为创新创业者提供服务。

3. 优化双创人才发展三大环境

（1）营造大众创业、万众创新良好氛围,优化双创人才发展社会环境

无论是国外的硅谷,还是国内的中关村,都证明大众创业、万众创新离不开良好的社会文化环境,离不开崇尚科学、尊重人才的浓厚氛围。创新创业氛围越浓厚,崇尚鼓励冒险、宽容失败的价值观念越强烈,尝试自主创新创业的人才会层出不穷。要营造大众创业、万众创新的良好氛围,可从以下几个方面做起:

① 加大创新创业人才的宣传力度。

要加强对过去镇江创新创业工作的经验总结,树立一批团队及

个人创新创业典型,加大先进典型经验和政策在中央、江苏省及镇江媒体上的宣传力度,与报纸和刊物开设典型宣传、政策解读、载体推介等专栏报道。在镇江市人口比较聚集的"城市客厅"、公交车站台等位置,张贴创新创业典型人物照片与介绍,让创新创业典型人物的事迹深入人心。

② 举办创新创业大赛。

通过举办镇江科技创新大赛或承办中国创新创业大赛、江苏省创新创业大赛的方式,激活创新创业人才到镇江创业创新的热情,激发全民创新创业精神,吸纳优秀创新创业人才,营造"鼓励创新、支持创业"的氛围,在全社会掀起创新创业的高潮,为建设创新型城市奠定坚实的基础。

③ 引导社会力量开展创业培训。

支持社会力量举办创业沙龙、创业大讲堂、创业训练营等培训活动,对定点培训机构开展创业意识培训、创办企业培训(改善企业培训)、创业模拟实训的,政府给予一定补贴;对于培训工作卓有成效的,政府给予一定的奖励。

(2)加强立法,为创新创业营造公平法治环境。

坚持保障创新创业权益原则、反创新创业歧视原则、平等创新创业原则,对现有政策措施进一步规范化、法制化,进一步对加强和创新金融支持、完善创业服务、加强创业教育、加强创业者社会保障和知识产权保护等相关内容做出具体规定,形成制度体系,依法促进经济社会发展和创业就业增长的良性互动,加快形成"大众创业、万众创新"的良好局面。

(3)引入社会化人才评价机构,营造公平竞争的人才环境

目前卓越人才和杰出人才的评判标准仍然是政府主导型的,譬如"331"工程、"169"等。这种评审往往过于集中于少量优秀人才,一大批草根中的多样化人才不能够出现。政府应该引入社会化组织,并鼓励其参与到人才评价与选拔之中,将先进的评价手段和科

学的评价方法引入人才评价之中,使人才评价更加透明、更加公平。探寻人才自主性资源积累机制,打破人才资源垄断,不断激发更多人才涌现。

4. 构建创新创业人才发展三大保障机制

(1) 设立创新权益基金,保护创新者知识产权

营造良好的知识产权保护环境,是进行科技创新和自主知识产权研发的必要条件。保护知识产权,就是保护发明创造的火种、维护创新者的权益。政府要加强事中事后监管,当好市场秩序的"裁判员"和改革创新的"守护神"。镇江市可由政府出资,设立创新权益保护基金,通过基金购买法律维权服务,打击侵权行为,帮助企业解决知识产权维权举证难、周期长、赔偿数额低、成本高、效益差等问题,消除创新创业顾虑,维护创新者的知识产权权益。

(2) 利用镇江优势,实行个性化安居政策

镇江应利用交通便利、生活成本较低等诸多优势,按照"政府引导、财政支持、市场化运作、社会化管理"的原则建设人才公寓,鼓励社会资本整体购置,分批租赁,每年推出不少于 500 套人才公寓。人才公寓可以单独选址建设,或在商品房项目中配建,也可以购置符合条件的商品房。人才公寓的建设和筹集应当充分考虑环境、配套、室内装修和建设品质,人才社区的规划要以拔尖人才的需求为依据,政府要集中优质的教育、医疗资源为人才公寓服务。在入住对象上,要将杰出人才、领军人才、高级人才、稀缺人才等作为入住的主要对象,逐步降低门槛,扩大人才公寓覆盖范围;在审批权限上,要将权限向企业下放,简化审批流程;在使用方式上,"以租为主";在运营上要以市场化的方式进行管理运作。

(3) 成立创新创业人才基金,为创新创业提供资金支持

镇江市可成立创新创业人才基金,基金以推进自主创新、支持科技创业为目标,以服务人才、成就人才为导向,采取市场化手段,依托专业化管理,专注于支持镇江人才创新创业。在出资方式方面,以政府资金带动社会资本,引导基金本身不直接从事创业投资业务,主要是以参股的方式,通过发挥财政资金的杠杆放大效应,引导社会资本投向镇江优秀人才的创新创业项目;在投资对象方面,遵循人才优先发展原则,积极引导社会资本重点投向区域内有发展潜力的创新创业人才创办的初创期企业,实现人才发展与产业发展的良性互动。在资金使用方面,根据创新创业项目的不同发展阶段(种子期、初创期和成长期),创业投资基金给予不同的资金投放。

5. 构建创新创业人才发展三大宽容机制

(1) 鼓励停薪留职式创业,为科技创业者留有后路

协调高校、科研院所等单位,鼓励科技工作者开展创业活动,可借鉴南京"科技九条"的规定,允许和鼓励高校、科研院所和国有事业、企业单位科技人员离岗创业,3 年内保留其原有身份和职称,档案工资正常晋升;允许和鼓励高校、科研院所和国有事业、企业单位职务发明成果的所得收益,按至少 60%、最多 95% 的比例划归参与研发的科技人员(包括担任行政领导职务的科技人员)及其团队拥有。

(2) 成立镇江产业研究院,为引进的创新创业者留有后路

成立镇江产业研究院,面向镇江企业征集技术创新需求,形成技术创新需求清单,面向社会公开发布。以项目招标的方式,公开征集方案,项目中标后以兼职或全职的方式聘为镇江产业研究院员工,全职员工工资由研究院支付。研究院提供办公场所、提供或协助提供研发设施、负责研发成果的转化,研究院可在研发成果转化收益中按照约定获取一定收益。研究院实行灵活的用人制度,既可以以研究院员工身份与企业进行技术项目合作,也可以将员工派遣到企业为企业提供技术服务,还可以与研究院脱离关系,直接聘为企业员工。

这种产业创新载体是集产品设计、技术研发、产品初试、中试、产品矫正、产品试销、人才培养于一体的新产业培养和孕育模式。

这种模式还有一个极为重要的重点是人才培养。按照一个产品的流程，一个企业营运、一个市场的培育，在产品研发中培养人才，在企业营运中培养人才，在市场开发中培养人才。

（3）宽容失败的制度保障

镇江要借鉴国内经验，倡导敢为人先、敢冒风险、宽容失败的新风尚，出台相关规定，对于创新创业失败者给予宽容，让创新创业者甩开包袱，放心去创新创业。对于那些承担着探索性强、风险性高的科研项目的科研人员，要切实从体制和机制上给予帮助和扶持，对创新失败要给予一定补偿。如果出现创新项目失败与损失，在相关人员没有谋取私利的情况下，对政府相关经办人员应该给予免责。

第 **6** 章　科技绿色创业企业政府扶持研究

6.1　绿色创业政府扶持体系研究

6.1.1　研究背景

自改革开放以来,我国经济取得了举世瞩目的成就。而这种以要素驱动、投资驱动、规模驱动为主要特征的经济发展模式遇到了前所未有的挑战。一方面,经济发展带来的环境问题愈发突出,重金属含量超标的土壤难以种出健康的粮食,随意排放的河流让清洁的水源变得稀缺,严重的雾霾天让呼吸新鲜空气都成为一种奢望。人们对这种以牺牲环境为代价的经济增长深恶痛绝。另一方面,全球经济的不景气、劳动力成本上升使传统的依靠廉价劳动力的出口型经济难以为继,中国经济遇到了环境恶化与经济下行的双重压力。要解决经济发展和环境保护的矛盾,完成十八大提出的"从源头上扭转生态环境恶化趋势,为人民创造良好生产生活环境"的战略任务,就必须改变"先污染,后治理"的发展逻辑,从环境问题中寻求商机,通过绿色创业的方式向社会提供绿色产品,在实现经济发展的同时,实现环境的改善。

绿色创业具有降低能源消耗、减少废气排放、减轻环境污染等外部衍生效应,而这些效应具有公共产品性质,加大扶持力度,支持绿色创业企业发展是政府应尽的责任。绿色创业虽然具有绿色市场的商机,但毕竟还是新兴事物,还将遇到绿色技术不成熟、消费者绿色消费意愿不强等诸多困难,还需要政府的扶持与帮助。构建有效的政府扶持体系是绿色创业企业成长的关键。

6.1.2 文献回顾

1. 绿色创业政府扶持体系

与传统创业相比,绿色创业的复杂性更加突出。绿色创业企业能否可持续发展,取决于消费者是否愿意购买创业企业提供的绿色产品,绿色消费是绿色创业可持续发展的前提[170](崔祥民,杨东涛,2014)。而消费者购买绿色产品的意愿不仅取决于绿色创业者提供绿色产品满足消费者的使用效用和生态效用,还取决于绿色产品的价格与传统产品价格的差距,以及消费者的生态价值观。因此,扶持绿色创业企业的策略按照扶持对象可分为绿色创业企业和消费者。

绿色创业企业不是简单的"绿色修补",而是依靠技术创业,通过提供绿色产品从源头上扭转生态恶化的趋势。绿色创业企业在实现经济价值的同时,为社会创造了生态社会价值。绿色创业企业的生态外部性决定了政府扶持的必要。绿色创业的核心就是发现未来的市场机会,创新性的开发市场,同时还要承担企业的社会生态责任(Cohn,Winn,2007)[171]。绿色创业实践者们往往通过提供清洁技术和环保产品(York,Venkataraman,2010),针对环境问题和社会问题提供更加行动领先和创新的解决方案(Parrish,2010)的方式开展绿色实践活动。技术创新是绿色创业企业核心,也是保证绿色创业企业可持续发展的关键,政府应鼓励企业进行技术创新。因此,按照扶持的领域可分为绿色行业扶持和绿色技术创新扶持。

消费者既是社会人又是经济人,具有生态价值观的消费者虽然具有改善环境的欲望,但绿色产品的公共性使部分消费者具有搭便车行为,为节省消费成本会自觉购买价格更低的传统产品。调查显示,89％的美国公民对其购买产品的环境影响力十分关心,但其中仅有 78％的人愿意为购买绿色产品多支付 5％的费用,愿意多支付 10％费用的人微乎其微[172]。因此,要促进消费者自愿购买绿色产品,政府不仅需要采取政府采购、财政补贴的方式鼓励消费者购买绿色产品,还需要对传统产品消费进行惩罚。综上所述,本研究构建了表 6.1 所示的政府扶持体系。

表 6.1　绿色创业政府扶持体系

扶持对象	扶持策略
绿色企业	绿色行业扶持 绿色技术扶持
消费者	绿色消费鼓励 传统消费惩罚

2. 政府扶持对绿色创业企业的发展的影响

绿色创业的生态外部性决定了政府扶持绿色创业企业的必要性,绿色创业企业的不确定性决定了政府对绿色创业的重要性。虽然,理论界对政府扶持对绿色创业的作用机理并没有完全达成一致,但对政府扶持对绿色创业企业的正相关关系基本达成共识。例如,不少学者通过两者的简单双变量模型发现制度环境与创业的正相关关系[173]。Meek 以太阳能行业为例,发现政府投资、大众消费习惯等对该行业新企业生成的影响[174]。Covin 则发现了制度环境对新企业生成的调节作用。而先前的理论研究成果却无法对绿色创业企业发展进行充分解释。例如,中国政府大力扶持光伏产业发展,其效果却大跌眼镜。大批光伏企业倒闭,产能严重过剩,无锡尚德、江西赛维、英吉利等龙头企业已经风光不再。"政府扶持真的就能促进绿色创业企业发展吗?""什么样的政府扶持政策才能促进绿色创业企业发展?"成为理论界急需解决的问题。

6.1.3　研究过程

1. 研究设计

本研究尝试回答 3 个问题：① 政府扶持一定促进绿色创业企业发展吗？② 不同的政府扶持对绿色创业的促进有何不同？③ 如何优化绿色创业政府扶持体系？为此，本研究设计了研究的基本思路：一是对政府扶持绿色创业企业发展理论进行梳理，明确理论分析框架；二是确定案例分析的方法，选取样本，收集和整理资料，分析各个案例中政府扶持的具体措施及其对绿色创业的影响；三是对案例进行深度分析，对政府扶持绿色创业经验和教训进行总结，探索有效的绿色创业政府扶持体系。

2. 研究方法

由于国内外绿色创业还处于起步阶段，研究经验还十分有限[175]。同时，政府扶持绿色创业需要进行历史维度的纵向追踪研究，而这方面数据的缺乏使传统的量化研究缺乏基本的数据支持。而案例研究着重回答"如何""为什么"的问题，强调现象所处的现实情境并能进行丰富的描述(Yin,2003)。本研究涉及的是政府扶持如何影响绿色创业发展？为什么有的政府扶持促进了绿色创业企业的发展，而有的政府扶持的促进作用却并不明显？这些问题的情景性特征十分明显，案例研究是适合本研究的方法。本研究将根据 Yin(2004)提出的案例研究的方法收集资料，按照时间序列、多案例比较等技术进行归纳和总结，以发现政府扶持绿色创业企业的内在机理。

3. 样本的选择

样本的选取是绿色创业研究常见做法，绿色创业研究应着眼于绿色属性的产业[176]。鉴于光伏、节能照明、新能源汽车三行业不仅具有绿色属性，而且具有节能减排的同一属性，所以本研究将此三行业作为案例样本。

6.1.4　案例分析

1. 政府扶持光伏产业有效性案例分析

(1) 针对光伏企业的政府扶持

政府高度重视光伏企业发展,不断加大对光伏企业支持力度。早在 2006 年我国就颁布了《可再生能源法》,2007 年又发布了《可再生能源中长期发展规划》,将太阳能发电列为重点发展领域。受光伏产业前景诱惑,各地方政府纷纷将其列为新兴战略产业,给予土地、税收等众多政策支持。据报道,仅 2011 年光伏企业获得各类补贴就达百亿元之巨。在政策的刺激下,光伏企业如雨后春笋,不断涌现。2008 年,中国光伏企业仅有近 100 家,但 2011 年已有 500 多家,2014 年达到上千家。光伏企业的一拥而上与政府支持力度密不可分。以英利为例,2011 年第三季度财报显示,公司亏损高达 2 850 万美元(约合 1.85 亿元),但仅"税费返还"一项就高达 1.9 亿元,帮助英利扭亏为盈[177]。

技术是影响光伏产业发展的最重要的因素之一。国家对光伏产业技术创新给予了一定的政策倾斜,例如,国务院发布了《国家中长期科学和技术发展规划纲要(2006—2020 年)》将太阳能发电确定为我国科学和技术发展的优先主题。但相对于光伏产业规模化发展而言,光伏企业对技术创新的热情远远不够,地方政府实质性的支持政策也较鲜见,导致光电转化率并不理想,发电成本依然较高。

(2) 针对绿色消费的政府支持

2009 年,财政部、住房和城乡建设部联合发布《关于加快推进太阳能光电建筑应用的实施意见》,决定实施金太阳示范工程,对光电建筑应用示范工程予以资金补助。地方政府为鼓励绿色能源消费也相继出台各项鼓励政策。然而,这些政策并没有激发民众绿色能源消费的热情,其根本原因就是财政补贴相对于高额的成本和前期投资而言是杯水车薪。

2007年国家发改委发布《可再生能源电价附加收入调配暂行办法》,明确提出:可再生能源电价补贴的钱从电力附加中出,2008年6月份以后在全国每度电征收2厘,2009年11月,增加到4厘。这项政策虽然增加了传统火电的消费成本,但由于传统火电较低的生产成本,这也无法改变电力消费的格局。

(3)政府扶持光伏产业有效性评价

从完整性的角度看,光伏产业政府扶持体系十分健全,既有对光伏行业的扶持,也有对光伏技术创新的扶持;既有对绿色消费的鼓励政策,也有对传统产品消费的惩罚措施。从结构性的角度看,对光伏行业的支持远远大于对光伏技术创新的支持,对绿色创业的支持远远大于对绿色消费的支持,从而导致绿色创业与绿色消费的不平衡。从时序性的角度看,政府扶持违背了绿色创业的基本规律,绿色创业是以绿色技术为前提的创业活动,政府应首先鼓励绿色技术创新,在绿色技术相对成熟的情况下,支持绿色创业活动,才能帮助绿色企业生产出适销对路的产品,从而使绿色创业企业获得可持续的发展。绿色消费与绿色创业的失衡和违背绿色创业规律的扶持顺序是光伏产业政府扶持有效性较差的主要原因。

2. 政府扶持节能照明产业有效性案例分析

(1)针对节能照明企业的扶持政策

节能照明行业发展至今,出台的政策补贴接踵而来,从上游设备到下游应用采购一应俱全。以 LED 行业为例,截至 2014 年,广钢股份 LED 项目已获得财政补贴 2 亿元,三安光电蓝宝石项目获得各项补贴 1 亿 7 000 万元,德豪润达获得补贴 1 亿 4 000 多万元。政府对节能照明行业的财政补贴,激发了绿色创业的激情,但也会产生两个方面的负面效应:一是没有技术研发能力的企业利用政策进入市场,导致伪劣产品充斥市场,广东省质监局对节能照明产品抽检发现,广东生产的 100 批次节能照明竟有近八成不合格;二是大量新创企业涌入,导致产能过剩。

(2) 针对节能照明消费的支持政策

2007 年 5 月,国务院印发《节能减排综合性工作方案》,明确指出"推广高效照明产品 5 000 万只,中央国家机关率先更换节能照明"。2008 年 1 月,财政部、国家发改委联合发布《高效照明产品推广财政补贴资金管理暂行办法》,确保"十一五"期间通过财政补贴方式推广高效照明产品 1.5 亿只。地方政府也纷纷采取政府购买和财政补贴的方式推广节能照明产品。

2009 年中国发展改革委与联合国开发计划署、全球环境基金签署"中国逐步淘汰白炽灯、加快推广节能照明"合作项目,开始启动淘汰白炽灯项目。2011 年国家发改委联合五部委发布了全面淘汰白炽灯的路线图,计划 2016 年全面淘汰白炽灯。

(3) 政府扶持节能照明行业有效性评价

从结构性的角度看,对节能照明消费的扶持力度较大,既有政府采购等绿色消费引导政策,又有取消白炽灯传统消费惩罚措施,尤其是逐步淘汰白炽灯政策为节能照明行业发展营造了广阔的发展空间。从时序性的角度看,1999 年节能照明已开始在我国生产,但政府扶持政策则 2007 年才开始启动,此时的节能照明已经历近 10 年的发展,技术已经相对成熟。正因为绿色消费的引导和支持,以及正确选择了扶持时间节点,节能照明产业才获得突飞猛进的发展,也使节能照明进入寻常百姓家。但绿色技术的扶持力度不够,以及行业标准、监管措施的缺失致使节能照明企业鱼目混珠,假冒伪劣产品充斥市场。政府应发挥政策的引导作用,鼓励企业加大技术研发投资力度,提升节能照明产品效能,降低节能照明产品价格,采取惩罚性措施将技术水平低的"伪节能照明"产品逐出市场。

3. 政府扶持新能源汽车有效性评价

（1）针对新能源汽车企业的扶持政策

国务院印发《中国制造 2025》，明确继续支持电动汽车、燃料电池汽车发展，掌握汽车低碳化、信息化、智能化核心技术，推动自主品牌节能与新能源汽车同国际先进水平接轨。与光伏、节能照明行业全面放开政策不同，新能源汽车行业实行了准入制度，2014 年出台的《关于加快新能源汽车推广应用的指导意见》中明确了准入制度，出台公开透明、操作性强的新建新能源汽车生产企业投资项目准入条件，支持社会资本和具有技术创新能力的企业参与新能源汽车科研生产。

（2）针对新能源汽车消费的扶持政策

经过 10 余年的发展，我国已经从税收优惠、消费补贴、政府购买、配套设施等方面，构建了一整套支持新能源汽车消费的政策体系。

在税收优惠方面，财政部、工信部、国税总局三部门联合发布《关于节约能源、使用新能源车船车船税优惠政策的通知》，明确对使用新能源车船免征车船税。

在消费补贴方面，国家财政部发布了《关于 2016—2020 年新能源汽车推广应用财政支持政策的通知》，其中指出在 2016—2020 年，对消费者购买的进入国家新能源车目录的纯电动汽车、插电式混合动力汽车和燃料电池汽车继续给予购车补贴。与光伏、节能补助政策不同的是新能源汽车补贴实行退坡机制，逐步降低补助比例，以减轻新能源汽车对政策的依赖。

在政府购买方面，财政部等多部委正式发布《关于完善城市公交车成品油价格补助政策加快新能源汽车推广应用的通知》规定，从 2015 年起对城市公交车成品油价格补助政策进行调整，中央财政对完成新能源公交车推广目标的地区给予新能源公交车运营补助，新能源公交车最高可补助 8 万元/年。2014 年 7 月 13 日，国家发改委等五部委联合公布了《政府机关及公共机构购买新能源汽车实施方案》，明确了政府机关和公共机构公务用车"新能源化"的时间表和路线图。

在配套设施方面，财政部、科技部、工信部、发改委联合下发《关于新能源汽车充电设施建设奖励的通知》，对新能源汽车充电设施的指导性文件正式出台。2014 年 7 月 30 日，发改委下发了《关于电动汽车用电价格政策有关问题的通知》，《通知》对经营性集中式充换电设施用电实行价格优惠，执行大工业电价，并且 2020 年前免收基本电费；对居民家庭住宅、住宅小区等充电设施用电执行居民电价。

执行限牌政策的城市对于新能源汽车也是大开绿灯，例如：上海免费发放牌照；广州每月提供 880 个牌照免费提供；北京单独摇号，中签率高达 88%。还有地方政府提供更多优惠政策减轻新能源汽车使用负担，如北京出台政策减免新能源汽车停车费和过路费。

（3）政府扶持新能源汽车有效性评价

经过 10 余年的发展，新能源汽车获得稳步发展，2012 年新能源汽车生产量为 12 552 辆，2013 年增长到 1.75 万辆，2014 年增长到 8.39 万辆。新能源汽车政府扶持政策吸取了光伏行业和节能照明的经验，采取了行业准入制度，防止大量不具备技术研发能力的资本涌入，从而避免了假冒伪劣产品横行和产能过剩问题。另外，新能源汽车市场也是采取试点逐步推广的方式进行的，2010 年在北京、上海、长春、深圳、杭州、合肥六城市启动私人购买新能源汽车补贴试点工作，2014 年在 28 个城市或区域开展新能源汽车推广应用工作，在逐步推广中积累经验，避免了盲目发展的困局。最后，新能源汽车政府扶持政策采取退坡机制，逐渐减少政府在新能源汽车发展过程中的作用，发挥市场在新能源汽车发展中的主导作用。

6.1.5　研究结论

（1）只有遵循绿色创业规律的政府扶持才能真正促进绿色创业企业发展

绿色创业是以绿色技术创新为核心的创业行为，历经"绿色技术创新—绿色产品生产—绿色产品消费"的发展历程。政府应遵循绿色创业的发展规律（见图 6.1），从扶持绿色技术创新出发，逐步加大对绿色创业的扶持，对绿色消费的扶持，掌握扶持的合适力度，注重绿色创业与绿色消费的平衡，把握政府扶持的节点，才能真正促进绿色创业的可持续发展。违背绿色创业规律的政府不仅不会促进绿色创业的发展，反而会导致产能过剩、伪绿色产品横行等诸多问题。

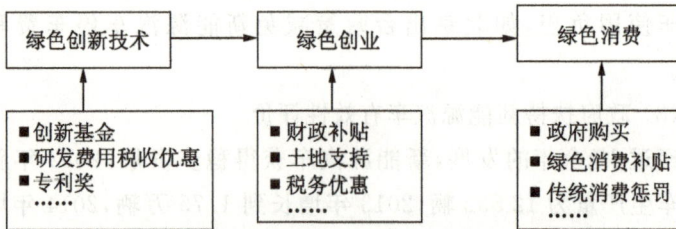

图 6.1　遵循绿色创业规律的政府扶持体系

（2）技术创新是政府扶持绿色创业的首要任务

技术创新是绿色创业成功的关键，绿色创业既要通过技术研发增加产品的绿色属性，又要通过技术创新控制绿色产品的成本，使其价格能够被消费者接受，以避免绿色产品出现"叫好不叫座"的困局。光伏行业、新能源汽车之所以没有得以广泛推广，其根本原因就是价格远远高于传统产品而使消费者难以接受。节能照明产品价格虽然也高于传统产品，但消费者在使用节能照明过程中获得的额外经济收益足以弥补这个价差，所以节能照明行业的政府扶持力度虽然在 3 个行业中最小,推广却是最顺利的。因此,政府扶持绿色创业企业发展的第一步就是扶持绿色创新技术,通过打造众创空间,营造创新氛围,鼓励创业者进行绿色技术研发、绿色技术创新,通过绿色技术市场化为绿色产品,为绿色创业的发展奠定坚实的基础。在绿色技术不成熟的情况下,就贸然对绿色创业者进行财政补贴,只会吸引大量不具备技术研发能力的创业者进入绿色行业,从而造成投资失败和财政补贴的低效率。

(3)绿色创业与绿色消费的平衡发展是政府扶持的重要任务

绿色创业成功的关键是提供的绿色产品或服务要能够得到消费者的认可,只有消费者购买其提供的绿色产品或服务,才能实现绿色产品或服务的价值,绿色创业企业才能得以生存并获得发展。在鼓励绿色创业,引导更多的人投身绿色创业事业的同时,应注重绿色消费市场的培育。政府一方面应加大绿色消费宣传力度,帮助消费者树立生态价值观,另一方面还要依靠财政补贴引导消费者进行绿色消费,更要对传统消费采取惩罚性措施,缩小绿色消费与传统消费的价格差距,促使消费者自愿绿色消费,为绿色创业企业的发展提供良好的市场空间。

然而,绿色消费习惯的养成是个循序渐进的过程,绿色创业的扶持也应与绿色消费相同步,逐步加强扶持的力度。绿色创业扶持过早、扶持力度过大,就会造成产能过剩,资金流动困难;绿色创业扶持过迟、力度过小,就会造成绿色产品供不应求,导致传统产品消费占据主流地位,从而无法实现环境的改善。

(4)"推拉结合"是绿色消费政府扶持的重要手段

绿色产品消费是对传统产品消费的替代,绿色产品与传统产品消费呈现出此消彼长的态势。要促进绿色消费,发挥绿色消费对绿色创业的引领作用,一方面可采用绿色消费补贴、政府采购等方式引导并鼓励消费者进行绿色消费,另一方面也要采取限制传统产品、增加传统产品税赋的方式提高传统产品消费的成本,推动消费者放弃传统产品消费,转向绿色产品消费。节能照明广泛推广的一个重要原因就是政府实行了逐步淘汰白炽灯计划,而光伏产业应用受限的一个重要原因就是光伏能源与传统能源对于使用者的无差异性和传统能源的廉价性。从新能源汽车的推广案例也容易证明"推拉结合"策略的重要性,新能源汽车推广较好的深圳、北京、上海等城市不仅对新能源汽车消费采取了补贴的政策,也均对燃油汽车实行了拍卖或摇号的限牌策略,这些策略提高了传统汽车消费的成本或限制了传统汽车的消费,推拉结合的策略取得了良好的效果。

(5) 政府扶持的力度要适中,政府扶持的对象要审核

政府扶持绿色创业企业发展的力度要适中,过小的政府扶持不足以点燃绿色创业的热情,而过大的政府扶持又会诱使并不具备创业能力者做出错误决策。在绿色创业过程中,政府的作用仅仅是引导的作用,绿色创业企业最终还是依靠市场来实现价值,政府扶持绿色创业企业的发展是一个先大后小,逐步退出的过程。

绿色创业是典型的技术创业,只有具有一定的绿色技术研发能力的人才有可能制造出绿色属性高、价格消费者能接受的产品。政府要对绿色创业者的技术能力进行审核和评价后,做出扶持决策,才能保证扶持的有效性。

6.2 基于演化博弈的新生创业者政府扶持研究

6.2.1 研究背景

新生创业者(Nascent Entrepreneurs)是指有创业打算并开展行动,仍然处于创业过程尚未创办新企业(New Ventures)的个体[178]。创业过程中,大多数新生创业者都中途放弃了创业,只有少数创业者坚持下来并成功创建了新企业[179](Gartner, Reynolds, 2004)。新生创业者坚持或放弃创业对创业者和政府都有较大影

响,对于创业者而言,坚持创业意味着将要继续投资,以期望创业成功,获取高回报,但同时又承担着创业失败带来的高风险;放弃创业意味着前期投入将无法收回。新生创业者坚持创业,对于政府而言意味着如果创业成功,政府就可获取较高的税收收入及更多的岗位需求。因此,政府往往会采取措施支持创业活动,尤其支持新企业成立,甚至把新企业注册数量作为衡量政府绩效的重要指标。

　　Lichtenstein(2007),Pia & Stefan(2008)认为新企业创立是个复杂的动态过程[180,181],Patel(2009)分析了新企业成立过程中各要素之间的关系[182],Chang(2009)以英国的拉美裔企业家为例研究了家庭社会资本、创业准备对创业决策的影响[183],牛莉等(2012)以前景理论为基础,研究了新生企业决策中的过度承诺现象[184],宋正刚(2012)则以行为科学理论为基础,研究了创业初期期望与创业者放弃创业行为的关系[185]。以往的研究集中于新生创业者创办公司决策的过程,以及影响这个决策过程的新生创业者个体特征(如社会资本、个体期望、先前决策等),而忽略了相关利益群体(如政府)对新生创业者创办企业决策的影响。由于创业具有增加就业、推动经济增长、增加政府税收等外部性,各国政府纷纷采取创业辅导、创业资金支持、提倡创业精神、改善创业环境等措施鼓励人们开展创业活动。我国政府高度重视创业与中小企业发展,采取提供资金支持、创业扶持、技术创新、市场开拓、社会服务等各项措施扶持新创企业发展,关注、培育、扶持中小企业发展和鼓励创业的社会环境与政策环境已经形成。政府扶持能降低创业成本,提高创业的成功率,必将影响新生创业者创办企业的决策。然而,政府也并不是"慈善家",根据詹姆斯·M.布坎南公共选择理论的观点,政府是由人组成的,政府的行为规则也是由人来制定的,政府的行为也需要人去决策,而这些人都不可避免地带有"经济人"的特征[186]。政府对新生创业扶持决策也要考虑到收益与成本的问题,决策所追求的也是利益最大化问题。在什么样的条件下,新生创业者会选择创业?

政府采取什么样的策略能够达到利益最大化？政府扶持策略与新生创业者创业决策可看作一种博弈行为，可通过建立博弈模型分析政府扶持与新生创业决策的演化规律，并通过系统仿真的方法模拟演化路径，从而为政府扶持新生创业者策略提供建议。

6.2.2 新生创业者创业决策与政府扶持策略演化博弈模型的建立

假定在自然环境下演化博弈的双方是政府和新生创业者，双方都是理性的"经济人"，政府在与新生创业者博弈的过程中有两种行为可选择：① 扶持；② 不扶持。同样，新生创业者在与政府博弈的过程中也有两种行为可供选择：① 坚持；② 放弃。

如果采取不扶持策略，新生创业者采取了放弃策略，新生创业者前期投入 C_1 将无法收回，此时新生创业者收益为 $-C_1$，政府收益为 0。若新生创业者采取坚持策略，则必须追加投资 C_2，假设创业成功的概率为 α_1，创业成功的税前净利润为 R_1，若新生创业者创业失败则损失包括前期投资和后期追加投资，此时新生创业者收益为 $\alpha_1(1-\beta_1)R_1-(1-\alpha_1)(C_1+C_2)$，于创业成功带来的就业等效应难以衡量，此处只考虑创业带来的政府税收收入，此时政府收益为 $\alpha_1\beta_1R_1$。

刘小川（2006）认为我国政府对科技型创业企业扶持政策包括财政扶持政策、政府采购政策和税收优惠政策[187]；王惠（2010）认为我国政府扶持中小企业发展的制度安排包括财政制度、税收制度和金融制度[188]。财政政策和税收政策属于直接扶持政策，采购政策和金融政策属于间接扶持政策。由于间接扶持政策的效应会因创业企业的具体情况而不同难以衡量，此处只考虑政府直接帮扶政策的影响。

假设，政府给予创业者直接扶持资金为 M，优惠税率为 β_2，新生创业者采取坚持策略会使其创业成功的概率为 α_2，税前利润为 R_2，

且 $\alpha_2 > \alpha_1$, $\beta_2 < \beta_1$, $R_2 > R_1$。则此时新生创业者的收益为

$$\alpha_2(1-\beta_2)R_2 - (1-\alpha_2)(C_1+C_2) + M$$

政府收益为 $\alpha_2\beta_2R_2 - M$。假如，政府采取扶持政策情况下，新生创业者放弃了创业，此时政府收益为 $-C_1 + M$，政府收益为 $-M$。

政府与新生创业者策略交往的支付矩阵见表 6.2。

表 6.2　政府与新生创业者员工策略交往的支付矩阵

类型		政　　府	
		扶持	不扶持
创业者	坚持	$[\alpha_2(1-\beta_2)R_2 - (1-\alpha_2)(C_1 + C_2) + M, \alpha_2\beta_2R_2 - M]$	$[\alpha_1(1-\beta_1)R_1 - (1-\alpha_1) \cdot (C_1+C_2), \alpha_1\beta_1R_1]$
	放弃	$(-C_1+M, -M)$	$(-C_1, 0)$

6.2.3　演化稳定策略分析

假设政府进行创业扶持的概率为 x，不进行创业扶持的概率为 $1-x$；新生创业选择坚持创业策略为 y，选择放弃创业策略的概率即为 $1-y$。

新生创业者选择坚持创业策略收益为

$$U_1^s = x[\alpha_2(1-\beta_2)R_2 - (1-\alpha_2)(C_1+C_2) + M] + (1-x)[\alpha_1(1-\beta_1)R_1 - (1-\alpha_1)(C_1+C_2)]$$

新生创业者选择放弃策略收益为

$$U_1^n = x(-C_1+M) + (1-x)(-C_1)$$

新生创业者平均收益为

$$U_1 = yU_1^s + (1-y)U_1^n$$
$$= y\{x[\alpha_2(1-\beta_2)R_2 - (1-\alpha_2)(C_1+C_2) + M] + (1-x)[\alpha_1(1-\beta_1)R_1 - (1-\alpha_1)(C_1+C_2)]\} + (1-y)[x(-C_1+M) + (1-x)(-C_1)]$$

政府采取扶持策略时收益为

$$U_2^s = y(\alpha_2\beta_2 R_2 - M) + (1-y)(-M)$$

政府采取不扶持策略时收益为

$$U_2^n = y(\alpha_1\beta_1 R_1)$$

政府的平均收益为

$$U_2 = xU_2^s + (1-x)U_2^n$$
$$= x[y(\alpha_2\beta_2 R_2 - M) + (1-y)(-M)] + (1-x)(y\alpha_1\beta_1 R_1)$$

政府与新生创业者复制动态方程为

$$dx/dt = x(1-x)[y(\alpha_2\beta_2 R_2) - \alpha_1\beta_1 R_1 + M) - M] \qquad (6.1)$$
$$dy/dt = y(1-y)\{[\alpha_2(1-\beta_2)R_2 - (1-\alpha_2)(C_1+C_2) - \\ \alpha_1(1-\beta_1)R_1 + (1-\alpha_1)(C_1+C_2)]x + \alpha_1(1-\beta_1)R_1 - \\ (1-\alpha_1)(C_1+C_2) + C_1\}$$

$$(6.2)$$

令 $dx/dt = 0$ 可得出，

$$x=0, x=1, y=y^*$$

$$y^* = \frac{M}{M + \alpha_2\beta_2 R_2 - \alpha_1\beta_1 R_1}$$

令 $dy/dt = 0$ 可得出，

$$y=0, y=1, x=x^*$$

$$x^* = \frac{-[\alpha_1(1-\beta_1)R_1 - (1-\alpha_1)(C_1+C_2) + C_1]}{[\alpha_2(1-\beta_2)R_2 - (1-\alpha_2)(C_1+C_2)] - [\alpha_1(1-\beta_1)R_1 - (1-\alpha_1)(C_1+C_2)]}$$

因此，此演化博弈模型的 5 个局部均衡点为 $(0,0)$, $(0,1)$, $(1,0)$, $(1,1)$, (x^*, y^*)。

根据 Friedman(1991)提出的方法[189]，演化系统均衡点的稳定性可由该系统的雅可比矩阵的局部稳定性分析得到。由于式(6.1)和式(6.2)过长，为简化，现做如下定义：

$$M + \alpha_2\beta_2 R_2 - \alpha_1\beta_1 R_1 = A$$

$$\alpha_2(1-\beta_2)R_2-(1-\alpha_2)(C_1+C_2)-\alpha_1(1-\beta_1)R_1+(1-\alpha_1)(C_1+C_2)=B$$

$$\alpha_1(1-\beta_1)R_1-(1-\alpha_1)(C_1+C_2)+C_1=C$$

式（6.1）和式（6.2）组成的系统的雅可比矩阵及其行列式为

$$J=\begin{bmatrix} (1-2x)(Ay-M) & x(1-x)A \\ y(1-y)B & (1-2y)(Bx+C) \end{bmatrix}$$

$$\det(J)=(1-2x)(Ay-M)(1-2y)(Bx+C)-$$
$$x(1-x)Ay(1-y)B$$

雅可比矩阵的迹为

$$\text{tr}(J)=(1-2x)(Ay-M)+(1-2y)(Bx+C)$$

6.2.4　模型分析

因为 x 和 y 分别代表政府采取扶持策略的比例和新生创业采取坚持创业的比例，所以 $0\leqslant x\leqslant 1,0\leqslant y\leqslant 1$。在平面 $M=\{(x,y)\mid 0\leqslant x,y\leqslant 1\}$ 讨论系统的均衡点及稳定性。由于 $-M<0$，所以当 $y=0$ 时，$dx/dt<0$。所以下面分 6 种情况进行讨论：

（1）当 $\alpha_2\beta_2R_2-\alpha_1\beta_1R_1>0,\alpha_1(1-\beta_1)R_1-(1-\alpha_1)(C_1+C_2)+C_1>0$ 时，由于 $\alpha_2>\alpha_1$，$\beta_2<\beta_1,R_2>R_1$，所以

$$\alpha_2(1-\beta_2)R_2-(1-\alpha_2)(C_1+C_2)+C_1>0$$

系统将有 4 个均衡点：$(0,0),(0,1),(1,0),$ $(1,1)$。根据各点对应的 $\det(J)$ 和 $\text{tr}(J)$ 的符号，可以判断：$(0,0)$ 是鞍点，$(0,1)$ 是鞍点，$(1,0)$ 是源点，$(1,1)$ 是汇点，此时系统的相位图如图 6.2 所示。

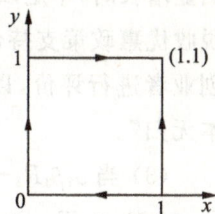

图 6.2　相位图 1

在图 6.2 中，从 M 中任何初始状态出发，系统都收敛于 $(1,1)$ 点，即政府采取扶持策略，新生创业者采取创业策略。这种演化说明当政府不扶持情况下，创业者选择创业的预期收益与前期投入之和大于 0 的情况下，创业就有坚持创业的倾向，也就是说前期投入

越多,创业者选择坚持创业的倾向就更强,这种现象也被称为"承诺升级"现象。新生创业者本就有坚持创业倾向时,政府仍然会有税收扶持动机,但条件是降低的税率要能带来较高的新企业生存率和较大的利润。

（2）当 $\alpha_2\beta_2 R_2-\alpha_1\beta_1 R_1<0$, $\alpha_1(1-\beta_1)R_1-(1-\alpha_1)(C_1+C_2)+C_1>0$ 时,由于 $\alpha_2>\alpha_1$, $\beta_2<\beta_1$, $R_2>R_1$,所以

$\alpha_2(1-\beta_2)R_2-(1-\alpha_2)(C_1+C_2)+C_1>0$
系统将有 4 个均衡点 $(0,0)$, $(0,1)$, $(1,0)$, $(1,1)$。根据各点对应 $\det(\mathbf{J})$ 和 $\mathrm{tr}(\mathbf{J})$ 的符号,可以判断:$(0,0)$ 和 $(1,1)$ 是鞍点,$(1,0)$ 是源点,$(0,1)$ 是汇点,此时系统的相位图如图 6.3 所示。

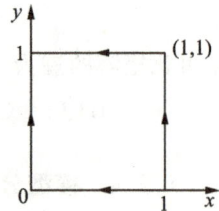
图 6.3　相位图 2

在图 6.3 中,从 M 中任何初始状态出发,系统都收敛于 $(0,1)$ 点,即政府采取不扶持策略,新生创业者采取创业策略。这种演化说明当降低的税率带来新企业生存率和利润无明显增长时,不足以弥补降低税率带来的损失时,政府无动力采取税收优惠政策支持创业。所以,政府在选择扶持对象时要对新生创业者进行评价,以判断创业成功的概率、成长绩效,以避免"血本无归"。

（3）当 $\alpha_2\beta_2 R_2-\alpha_1\beta_1 R_1>0$, $\alpha_2(1-\beta_2)R_2-(1-\alpha_2)(C_1+C_2)+C_1<0$ 时,由于 $\alpha_2>\alpha_1$, $\beta_2<\beta_1$, $R_2>R_1$,所以

$\alpha_1(1-\beta_1)R_1-(1-\alpha_1)\cdot(C_1+C_2)+C_1<0$
系统将有 4 个均衡点 $(0,0)$, $(0,1)$, $(1,0)$, $(1,1)$。根据各点对应 $\det(\mathbf{J})$ 和 $\mathrm{tr}(\mathbf{J})$ 符号,可以判断:$(1,0)$ 和 $(0,1)$ 是鞍点,$(1,1)$ 是源点,$(0,0)$ 是汇点,此时系统的相位图如图 6.4 所示。

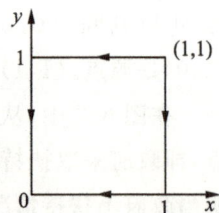
图 6.4　相位图 3

在图 6.4 中,从 M 中任何初始状态出发,系统都收敛于 $(0,0)$ 点,即政府采取不扶持策

略,新生创业者采取不坚持创业策略。这种演化说明当扶持带来的新生企业存活率和新创企业业绩的增长足以弥补优惠税率带来的损失,政府就有对创业进行扶持的动力,但此时这种扶持措施是无效的,因为创业者选择创业的预期收益与前期投入之和仍小于 0,新生创业者业也无坚持创业的倾向,新生创业者的"不配合"必将打击政府扶持积极性,并逐渐取消扶持政策。

(4) 当 $\alpha_2\beta_2R_2-\alpha_1\beta_1R_1<0, \alpha_2(1-\beta_2) \cdot R_2-(1-\alpha_2)(C_1+C_2)+C_1<0$ 时,由于 $\alpha_2>\alpha_1$,$\beta_2<\beta_1, R_2>R_1$,所以

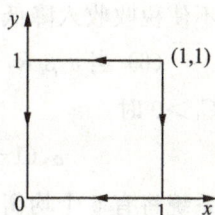

图 6.5　相位图 4

$$\alpha_1(1-\beta_1)R_1-(1-\alpha_1) \cdot (C_1+C_2)+C_1<0$$

系统有 4 个均衡点 $(0,0),(0,1),(1,0)$,$(1,1)$。根据各点对应的 $\det(\boldsymbol{J})$ 和 $\operatorname{tr}(\boldsymbol{J})$ 符号,可以判断:$(1,0)$ 是鞍点,$(0,1)$ 是鞍点,$(1,1)$ 是源点,$(0,0)$ 是汇点,此时系统的相位图如图 6.5 所示。

在图 6.5 中,从 M 中任何初始状态出发,系统都收敛于 $(0,0)$ 点,即政府采取不扶持策略,新生创业者采取放弃创业策略。这种演化说明当降低的税率带来新企业生存率和利润无明显增长时,不足以弥补降低税率带来的损失时,政府无动力采取税收优惠政策支持创业。扶持政策也不足以使新企业存活率和利润明显增长时,企业也不愿意坚持创业。即使刚开始新生创业者和政府热情高涨也无济于事。

(5) 当 $\alpha_2\beta_2R_2-\alpha_1\beta_1R_1<0, \alpha_2(1-\beta_2)R_2-(1-\alpha_2)(C_1+C_2)+C_1<0$ 时,

$$\alpha_1(1-\beta_1)R_1-(1-\alpha_1)(C_1+C_2)+C_1<0$$

系统将有 4 个均衡点 $(0,0),(0,1),(1,0)$,$(1,1)$。根据各点对应 $\det(\boldsymbol{J})$ 和 $\operatorname{tr}(\boldsymbol{J})$ 符号,可以判断:$(1,1)$ 是鞍点,$(0,1)$ 是鞍点,$(1,0)$ 是源点,$(0,0)$ 是汇点,此时系统的相位图如图 6.6 所示。

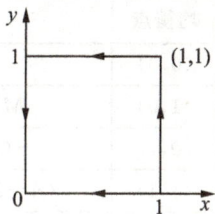

图 6.6　相位图 5

在图 6.6 中,从 M 中任何初始状态出发,系统都收敛于 $(0,0)$ 点,即政府采取不扶持策略,新生创业者采取放弃创业策略。这种演化说明虽然扶持政策能给新生创业者的新企业存活率和利润明显增长,激发了新生创业者的积极性,但若使政府收益减少时,政府也无动力采取长期维护这种优惠政策。这说明政府的优惠税收制度也是有"容忍极限"的,这个极限不是一个特定的值,而是一个能不使税收收入降低的值。

(6) 当 $\alpha_2\beta_2 R_2 - \alpha_1\beta_1 R_1 > 0$, $\alpha_2(1-\beta_2)R_2 - (1-\alpha_2)(C_1+C_2) + C_1 > 0$ 时,

$$\alpha_1(1-\beta_1)R_1 - (1-\alpha_1)(C_1+C_2) + C_1 < 0$$

系统将有 5 个均衡点 $(0,0)$, $(0,1)$, $(1,0)$, $(1,1)$, (x^*,y^*)。

其中,

$$x^* = \frac{-[\alpha_1(1-\beta_1)R_1 - (1-\alpha_1)(C_1+C_2) + C_1]}{[\alpha_2(1-\beta_2)R_2 - (1-\alpha_2)(C_1+C_2)] - [\alpha_1(1-\beta_1)R_1 - (1-\alpha_1)(C_1+C_2)]}$$

$$y^* = \frac{M}{M + \alpha_2\beta_2 R_2 - \alpha_1\beta_1 R_1}$$

由表 6.4 可知,系统有 5 个均衡点,其中两个是稳定的,分别为 $(0,0)$ 和 $(1,1)$,分别对应模式一:新生创业者选择放弃创业策略,政府采取对创业无扶持策略;模式二:新生创业者选择继续创业策略,政府选择创业扶持策略。

表 6.4 局部稳定分析

均衡点	det(J)	tr(J)	结果
$(0,0)$	$-M \times C$, $+$	$-M+C$, $-$	ESS
$(1,0)$	$M \times (B+C)$, $+$	$M+B+C$, $+$	不稳定
$(0,1)$	$-(A-M) \times C$, $+$	$A-M-C$, $+$	不稳定
$(1,1)$	$(A-M) \times (B+C)$, $+$	$-(A-M)-(B+C)$, $-$	ESS
(p^*,q^*)	$\dfrac{C \times (B \times C)}{B} \times \dfrac{M \times (A-M)}{A}$, $-$	0	鞍点

图 6.7 描述了政府与新生创业者相互交往的动态过程。

由图 6.7 的两个不平衡点 $(1,0)$，$(0,1)$ 及鞍点 (x^*,y^*) 的连成的折线可以看作是系统收敛于两种不同模式的临界点，位于折线下方系统收敛于模式一，位于折线上方系统收敛于模式二。

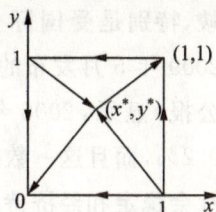

图 6.7 相位图 6

6.2.5 研究结论

(1) 前期投入越多，创业者选择坚持创业的倾向就更强，新生创业者在创业投资过程中存在"承诺升级"现象。

(2) 政府进行税收扶持的动机不仅仅是鼓励新生创业者坚持创业，而且还包括减轻企业负担，从而带来较高的新企业生存率和较高利润，保证了税收收入的增加。当降低的税率带来新企业生存率和利润增长不明显时，政府无动力采取税收优惠政策支持创业，这说明政府的优惠税收制度也是有"容忍极限"的，这个极限就是保证税收收入不降低。政府在选择扶持对象时要对新生创业者进行评价，以判断创业成功的概率及成长绩效。

(3) 政府创业扶持政策必须得到新生创业者的配合才能保证政策的持续执行，新生创业者的"不配合"必将打击政府扶持积极性，并迫使政府逐渐取消扶持政策。

6.3 基于就业视角的中小企业政府扶持体系

6.3.1 引言

就业问题是关系民生的重大问题，一直以来都受到广泛的关注。我国是具有十几亿人口的大国，长期以来就业问题就比较严峻,特别是受国际金融危机的影响,我国就业问题就更加突出。2009 年 5 月发布的《2008 年度人力资源和社会保障事业发展统计公报》显示,2008 年末城镇登记失业率为 4.2%,比上年末提高 0.2%,而且这一数据并未包括农民工失业[190]。就业问题是关系到社会稳定和经济持续发展的重大问题,是我国相当长一段时间内面临的重要而且必须解决的问题。

中小企业由于具有数量多、组织结构灵活、进入壁垒较低、可塑性强等特点已经成为国民经济的活跃力量和就业的重要渠道。中小企业吸纳就业能力已得到国际经验的证实,美国 1997 年中小企业吸纳就业人数占到 60% 以上;欧盟 15 国 1993 年中小企业吸纳就业人数占到 66% 以上;而意大利中小企业吸纳就业人数更是占到 97.3%[191]。近年来,中小企业就业的吸纳能力,在我国也日益显现。椐发改委中小企业司数据,截止到 2006 年 10 月底,我国中小企业数已达到 4 200 多万家,占全国企业总数的 99.8%,其中经工商部门注册的中小企业数量达到 430 多万家,个体经营户达到 3 800 多万户。2006 年个体私营等非公有制企业新增 900 多万个工作岗位,占新增就业岗位的 3/4 以上,城镇非公有制经济的就业人数增长到 2.6 亿人[192]。

我国中小企业虽然数量众多,具有较强的就业吸纳能力,但由于利润低、技术含量不高,导致其风险抵抗能力较弱。金融危机的到来,导致许多中小企业举步维艰,根据发改委中小企业司统计显示,2008 年上半年全国约 6.7 万家规模以上中小企业倒闭[193]。中小企业由于先天和后天的因素,使其在资金融通、市场地位、信息获取等方面往往处于不利地位,难以与大企业进行公平竞争,因此需要政府扶持[194]。政府扶持中小企业,可以促进中小企业发展,进而提供更多就业岗位,有效缓解就业问题。

6.3.2 基于就业的中小企业发展政府扶持体系

随着中小企业在国民经济地位的不断提升,中小企业发展政府扶持研究开始进入我国学者视线并成为中小企业研究热点问题。王黎明(2003)、王维红(2006)、杨树旺(2009)等学者总结了国外发达国家中小企业扶持政策并对我国的中小企业政府扶持政策提出了建议。张黎华(2002)、李红玲(2006)对我国中小企业发展政府扶持体系进行了深入思考,针对我国中小企业现状,提出了支持中小企业发展的具体措施。以上研究,虽然多是经验的总结,但为中小企业政府扶持研究提供了翔实的资料,也为本文研究奠定了坚实的基础。

提供就业岗位是解决就业问题最直接、最有效的方法。中小企业吸纳就业人数的多少取决于两个方面的因素:一是企业数量;二是企业吸纳能力。中小企业吸纳就业人数为企业数量和企业平均吸纳能力的乘积。而企业数量是由新创企业数量和倒闭企业数量决定的:

企业数量＝现存企业＋新创企业－倒闭企业

企业吸纳能力是由企业规模决定的,而企业规模的变化体现为企业的成长,企业成长速度越快企业规模的变化程度就越大,企业吸纳就业能力也就越强。因此,基于就业视角的中小企业政府扶持体系是由创业扶持、中小企业保护扶持、中小企业成长扶持所构成的。

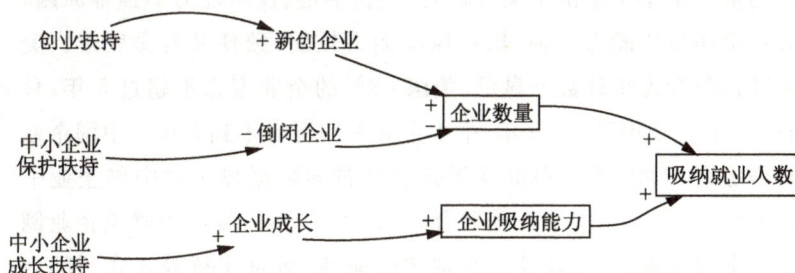

图 6.8　基于就业视角的中小企业发展政府扶持体系

1. 创业扶持

创业扶持就是采取开展创业培训、提供资金支持、提供创业服务支持、改善创业环境等措施激发人们创业热情，降低创业门槛，提高创业成功率。首先，创业扶持改善了创业环境，激发了人们创业热情使更多人产生创业想法。其次，创业扶持由于提供资金支持降低了创业门槛，提供创业服务方便了创业者，使更多的拥有创业想法的人开展创业活动。再次，创业扶持通过创业培训，提升了创业者能力，使更多的创业者创业成功。因此，创业扶持有利于产生更多的新创企业，有利于发展创业型经济（Entrepreneurial Economy）。德鲁克首次提出创业型经济的概念并指出，当美国就业面临压力的时候，是其经济体系发生了从"管理型经济"到"创业型经济"的转型从而改变了这一危机[195]。创业型经济之所以能够改变这一危机，是因为创业型经济催生了大量中小型企业，数量众多的中小型企业提供了大批就业岗位，从而缓解了就业的压力。政府通过创业扶持政策的实施，大力发展创业型经济，营造"勇于创业、乐于创业"的良好氛围，通过创业扩大就业。

2. 中小企业保护扶持

创业扶持和中小企业保护扶持的目的都是扩大企业数量，进而增加就业岗位，解决更多人的就业问题。所不同的是，创业扶持是为了增加现有企业数量，而中小企业保护扶持是为了减少现有企业倒闭量。中小企业由于实力较弱、经验不足、技术能力不强等原因，导致市场适应能力不强，抵抗风险能力较弱，致使其寿命较短。美国《财富》杂志统计数据显示，美国 62% 的企业寿命不超过 5 年，只有 2% 的企业能存活 50 年，中小企业平均寿命不到 5 年。中国企业寿命更短，2003 年经理世界年会上公布的数据显示："中国企业平均寿命为 8 年，而中小企业寿命为 2.9 年"[196]。政府为避免企业倒闭带来的失业风险，往往会采取税收减免、融资支持等方式帮助企业渡过难关。例如，金融危机后，2009 年国务院专门出台了《国务院关于进一步促进中小企业发展的若干意见》加大对中小企业的支持力度。该意见规定：对于一些困难中小企业，可缓交社会保险费或者降低交费费率并按规定给予一定期限的社会保险补贴或岗位补贴、在岗培训补贴等；对年应纳税所得额低于3万元（含3万元）的小型微利企业，其所得减按50%计入应纳税所得额，按20%的税率缴纳企业所得税。中小企业因有特殊困难不能按期纳税的，可依法申请在3个月内延期缴纳。

3. 中小企业成长扶持

中小企业虽然提供了大多数的就业岗位，但是以企业数量众多为前提的，中小企业就业吸纳能力要远远低于大型企业。因此，解决就业问题的另一条途径就是扶持中小企业成长，扩大中小企业规模，提升企业的就业吸纳能力，从而增加就业岗位，解决就业问题。中小企业由于规模小，经常受到大企业的排挤和压制，在市场竞争中处于不利地位，面对大企业的竞争往往显得无能为力。中小企业在发展过程中会遇到技术、管理、人才等瓶颈问题，这些问题阻碍了中小企业发展，影响企业快速成长。而中小企业是国民经济的活跃力量，具有很强的技术创业能力和竞争活力，具有规模扩大的潜力，应得到政府的帮助和支持，应通过资金支持、技术支持、信息支持等手段，帮助中小企业解决难题，克服困难，突破发展瓶颈，改变市场竞争中的弱势地位，获得平等的市场竞争权利，实现快速发展。为扶持中小企业成长，西方国家大多以立法的形式予以引导和保护，帮助中小企业克服发展困难。

政府扶持中小企业的发展，中小企业在自身实力增强的同时，必然导致就业吸纳能力的增强，进而提供更多的就业岗位。

6.3.3　政府扶持体系的系统动力学模型

1. 建模目的

基于就业视角的中小企业发展政府扶持体系三项措施不是孤立存在的,而是相互关联、相互作用的复杂系统,三项措施共同作用影响就业岗位数量。这个复杂系统具有动态性、复杂性、反馈性等系统特点,需要借助系统建模的手段对各项措施的效果进行模拟和仿真,以判断各项政策的效果和作用,以有利于正确的决策。

本文尝试以系统动力学的方法构建中小企业扶持系统演进模型,通过系统动力学仿真,对扶持体系效果进行有效的分析。系统动力学(System Dynamics,SD)是系统科学理论与计算机仿真紧密结合、研究系统反馈结构与行为的一门科学[197]。基本思路是将系统模型化,并将该模型输入计算机,通过计算机的运行,判断系统的变化趋势,从而为战略和决策提供依据。

2. 模型结构

基于就业视角的中小企业扶持体系由3个部分构成:创业扶持、中小企业保护扶持、中小企业成长扶持。创业扶持的目的是增加新创企业数量,创业扶持在此系统动力学模型的作用就是提升了企业总数增长速度。中小企业保护扶持通过对新企业进行保护和支持,使新企业倒闭的可能性降低,从而使新企业倒闭比例下降。中小企业成长扶持帮助企业克服成长瓶颈,缩短了企业做大做强的时间。因此,可以用企业总数增长速度、新企业倒闭比例、新企业成长时间3个指标的变化对就业数量和企业数量的影响表示中小企业扶持体系3项政策对就业数量和企业数量的影响。模型结构如图6.9所示。

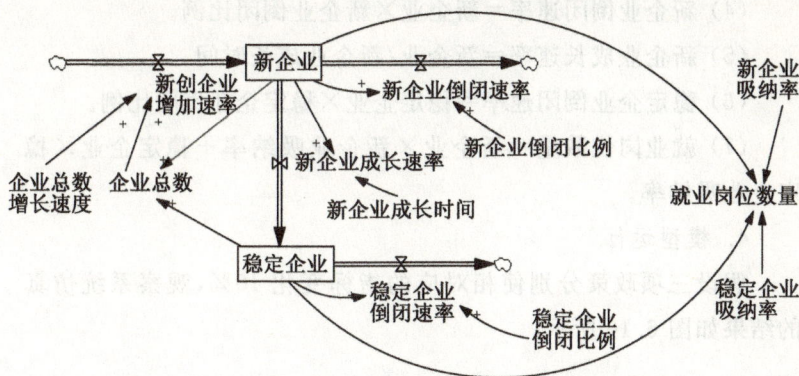

图 6.9　模型流图

3. 模型说明

政府扶持体系的系统动力学模型包含两个正反馈回路。

回路1：新企业→企业总数→新创企业增加速率→新企业。

回路2：稳定企业→企业总数→新创企业增加速率→新企业→新企业成长速率→稳定企业。

两个回路都受到其他因素的影响和制约。回路1受新企业倒闭速率和新企业成长速度的影响和制约，回路2受新企业成长速度和稳定企业倒闭速率的影响和制约。两个回路并不是孤立运行的，而是相互影响、相互制约的。

模型的主要变量关系解释如下：

（1）新企业＝INTEG（新创企业增加速率—新企业倒闭速率—新企业成长速率，4 300 000），4 300 000 为初始值，来源于国家工商行政管理总局《2008 年全国市场主体发展情况报告》。

（2）稳定企业＝INTEG（新企业成长速率—稳定企业倒闭速率，8 430 000），8 430 000 为初始值，来源于国家工商行政管理总局《2008 年全国市场主体发展情况报告》。

（3）新创企业增加速率＝企业总数×企业总数增长速率。

（4）新企业倒闭速率＝新企业×新企业倒闭比例。

（5）新企业成长速率＝新企业/新企业成长时间。

（6）稳定企业倒闭速率＝稳定企业×稳定企业倒闭比例。

（7）就业岗位数量＝新企业×新企业吸纳率＋稳定企业×稳定企业吸纳率。

4. 模型运行

假设三项政策分别使相对应的指标变化 10%，观察系统仿真的结果如图 6.10 所示。

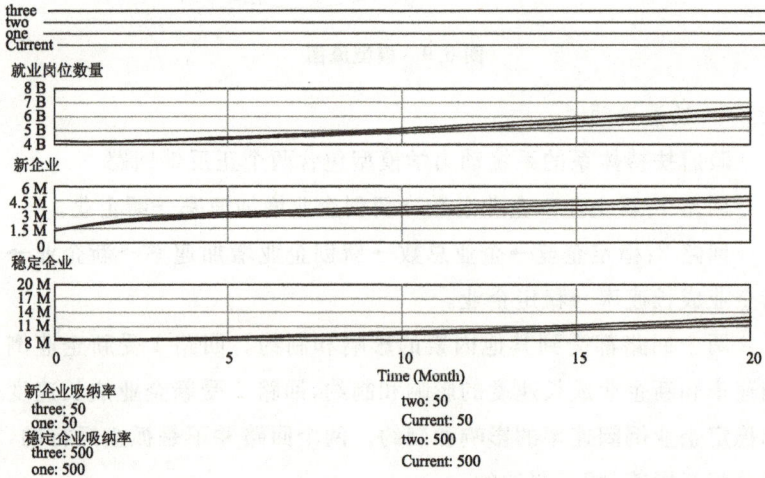

图 6.10 数据仿真图

通过模拟仿真可以得出如下几个结论：

（1）基于就业的中小企业扶持体系的 3 项措施对于提升就业岗位数量都是有效的，都使就业岗位有显著提高。

（2）基于就业的中小企业扶持体系的 3 项措施的短期效应都不明显，而中长期效应比较明显。

（3）创业扶持政策比中小企业保护政策、中小企业成长政策更有效。

（4）中小企业保护政策和中小企业成长政策效应无明显区别。

（5）中小企业保护政策比中小企业成长政策更有利于新企业的增加。

6.3.4　结论

中小企业政府扶持体系是提升就业岗位数量，有效解决就业问题的重要措施。从长远角度解决问题，政府必须重视中小企业的发展，尤其是对于新创企业的扶持，营造良好的创业氛围，加大创业扶持力度，加大对中小企业支持力度，提高中小企业扶持效益，促进企业数量增长和企业规模快速成长，扩大就业总量，有效缓解我国就业问题。

参考文献

[1] Schwartz S H. Normative explanations of helping behavior: A critique, proposal, and empirical test [J]. Journal of Experimental Social Psychology,1973(9):349—364.

[2] 李杨.基于规范激活理论的消费者环保型产品购买意愿形成机理研究[D].长春:吉林大学博士论文,2014.

[3] Krueger N F,Reilly M D,Carsrud A L. Competing models of entrepreneurial intentions[J]. Journal of Business Venturing, 2000,15(5/6):411—432.

[4] 杨晶照,陈勇星,马洪旗.组织结构对员工创新行为的影响——基于角色认同理论的视角[J].科技进步与对策,2012,29(09):129—134.

[5] Pettigrew T F. Intergroup contact:theory,research and new perspectives[J]. Annual Review of Psychology,1998:(49):65—85.

[6] Mccall G J. Simmons J L. Identities and interactions:An examination of human associations in everyday life[M]. New York:Free Press,1978.

[7] Albert S,Ashforth B E,Dutton J E. Organizational identity and identification:charting new waters and building new bridges[J]. Academy of Management Review,2000,25(1):13—17.

[8] 李森森,龙长权,陈庆飞,等.群际接触理论——一种改善群际

关系的理论[J].心理科学进展,2010(5):831.

[9] Lee A Y. The mere exposure effect: An uncertainty reduction explanation revisited[J]. Personality and Social Psychology Bulletin,2001(27):1255-1266.

[10] Harmon-Jones E,Allen J J B. The role of affect in the mere exposure effect: Evidence from physiological and individual differences approaches[J]. Personality and Social Psychology Bulletin,2001(27):889-898.

[11] Scherer R J,Carley A S,Wiebe F. Role model performance effects on development of entrepreneurial career preferences [J]. Entrepreneurship Theory and Practice,1989,13(1):53-71.

[12] Lee L,Piliavin J A,Cau V R A. Giving time,money,and blood: Similarities and differences [J] . Social Psychology Quarterly,1999,62(3):276-290.

[13] Stryker S. Identity theory[M]. // Borgatta E F, Borgatta M L. Encyclopedia of Sociology. New York: Macmillan Publishing Company,1992.

[14] 孙瑞权.关于幼儿教师职业角色认同的调查研究[J].赤峰学院学报,2010,26(5):192-197.

[15] Krueger N F. Day M. Looking forward,looking backward: From entrepreneurial cognition to neuro-entrepreneurship[M]. // Acs Z J, Audretsch D B. Handbook of entrepreneurship research. New York:Springer,2010.

[16] 郝亚明.西方群际接触理论研究及启示[J].民族研究,2015(3):13-24.

[17] Tropp L R,Pettigrew T F. Differential relationships between intergroup contact and affective and cognitive dimensions of

prejudice[J]. Personality and Social Psychology Bulletin，2005，31(8)：1145－1158.

[18] Callero P L. The meaning of selfin role：a modified measure of role identity[J]. Social Force，1992，71(2)：485－501.

[19] 李云洁.新员工工作角色认同对工作绩效的影响研究[D].济南：山东大学硕士学位论文，2014.

[20] Thompson E R. Individual entrepreneurial intent：Construct clarification and development of an internationally reliable metric[J]. Entrepreneurship Theory and Practice，2009(5)：1042－2587.

[21] Kawakami K，Dovidio J F，Moll J，et al. Just say no（to stereotyping）：Effects of training in trait negation on stereotype activation[J]. Journal of Personality and Social Psychology，2000(78)：871－888.

[22] Dovidio J F，Gaertner S L，Kawakami K. Intergroup contact：The past，present，and future[J]. Group Processes and Intergroup Relations，2003(6)：5－21.

[23] 陈昀，贺远琼.创业认知研究现状探析与未来展望[J].外国经济与管理，2012(12)：12－19.

[24] Westbrook R A，Oliver R L. The dimensionality of consumption emotion，patterns and consumer satisfaction[J]. Journal of Consumer Research，1991，18(1)：84－91.

[25] 刘小戈，林济森.大学生创业制约性情感因素分析[J].北华大学学报(社会科学版)，2006(6)：17－19.

[26] 丁明磊，杨芳，王云峰.试析创业自我效能感及其对创业意向的影响[J].外国经济与管理，2009(5)：1－7.

[27] Ramayah T，Lee J W C，Mohamad O. Green product purchase intention：some insights from a developing country[J]. Resources，

Conservation and Recycling,2010(54):1419—1427.

[28] 张淑乐.李格非研究[D].兰州:兰州大学,2010.

[29] 左守秋,张红丽.以科学生态价值观引领生态文明建设[J].人民论坛,2014(7):128—130.

[30] 钱俊生,彭定友.生态价值观的哲学意蕴[J].自然辩证法研究,2002(10):13—15.

[31] Schaltegger S. A framework for ecopreneurship[J]. Greener Management International. 2002,38(1):45—59.

[32] York J G , Venkataraman S. The entrepreneur-environment nexus:uncertainty, innovation and allocation[J]. Journal of Business Venturing,2010,25(5):449—463.

[33] Parrish B D. Sustainability-driven entrepreneurship:principles of organization design[J]. Journal of Business Venturing,2010,25(5):510—523.

[34] Schaltegger S. A framework for ecopreneurship: Leading bioneers and environmental managers to ecopreneurship[J]. Greener Management International,2002,38(Sum.):45—58.

[35] 高嘉勇,何勇.国外绿色创业研究现状评介[J].外国经济与管理,2011(2):11.

[36] Chen C C,Greene P G,Crick A. Does Entrepreneurial Self-efficacy Distinguish Entrepreneurs from Entrepreneurs from Managers? [J]. Journal of Business Venturing, 1998(13):295—316.

[37] Shane S,Venkataraman S. The promise of entrepreneurship as a field of research [J]. Academy of Management Review 2000(25):217—226.

[38] Kaish S,Gilad B. Characteristics of opportunities search of entrepreneurs versus executives:sources, interests, general

alertness[J]. Journal of Business Venturing, 1991, 6 (1):
45—61.

[39] 卢艳芹,何慧琳.生态价值观与价值观的关系探析[J].北京工
业大学学报,2014(2):35—40.

[40] Busenitz L, Gomez C, Spencer J. Country Institutional
profiles:unlocking entrepreneurial phenomena[J]. Academy
of Management Journal,2000:43(4):994—1003.

[41] Peng M W,Sun S L,Pinkham B,et al. The institution-based
view as a third leg in a strategy triped[J]. Academy of
Management Perspectives,2010,23(4):63—81.

[42] 崔祥民,魏臻.绿色消费与绿色创业演化博弈研究[J].科技进
步与对策,2014(4):16—19.

[43] Acedo F J, Jones M V. Speed of internationalization and
entrepreneurial cognition: insights and a comparison between
international new ventures,exporters and domestic firms[J].
Journal of World Business,2007,42(3):236—252.

[44] Kreft S F, Sobel R S. Public policy entrepreneurship and
economic freedom[J]. Cato Journal,2005,25(3):595—616.

[45] Lerner J. Why public efforts to boost entrepreneurship and
venture capital have failed and what to do about it[M].
Princeton:Princeton University Press,2009.

[46] 弗雷德·鲁森斯.组织行为学[M].王垒等译.9版.北京:人民
邮电出版社,2003:224.

[47] Cohen B, Winn M. Market imperfections, opportunity and
sustainable entrepreneurship [J]. Journal of Business
Venturing,2007,22(1):29—49.

[48] Zhao H,Seibert S E. The mediating role of self-efficacy in the
development of entrepreneurial intentions [J]. Journal of

Applied Psychology,2005,90(6):1265—1272.

[49] 吴晓波,张超群,王莹.社会网络、创业效能感与创业意向的关系研究[J].科研管理,2014(2):104—110.

[50] 许黔宜.价值取向及能源消费态度间环境永续认知关系研究[D].台湾:成功大学硕士学位论文,2008.

[51] Thompson E R. Individual entrepreneurial intent: construct clarification and development of an internationally reliable metric[J]. Entrepreneurship Theory and Practice, 2009, 33 (3):669—694.

[52] Krueger N F,Reilly M D,Carsrud A L. Competing models of entrepreneurial intentions [J]. Journal of Business Venturing, 2000,15(5/6):411—432.

[53] 段锦云,田晓明.主动性个性、环境支持对农民工创业意向的影响[J].心理研究,2014(10):75—81.

[54] Danter E H. The intention-behavior gap: to what degree does Fishbein's integrated model of behavioral prediction predict whether teachers implement material learned in a professional development workshop? [D]. Columbus: Ohio State University,2005.

[55] Sheeran P. Intention-behavior relations: a conceptual and empirical review[J]. European Review of Social Psychology, 2002,12 (1):1—36.

[56] 太可怕了！大学生创业,你心动了吗？你行动了吗？[EB/OL]. http://www.haokoo.com/else/4126164.html.

[57] Wang C K,Wong P K. Entrepreneurial interest of university students in Singapore [J]. Technovation, 2004, 24 (2): 163—172.

[58] Henley A. Entrepreneurial aspiration and transition into self-

employment: evidence from British longitudinal data [J]. Entrepreneurship and Regional Development, 2007, 19 (3): 253－280.

[59] Thompson E R. Individual entrepreneurial intent: Construct clarification and development of an internationally reliable metric [J]. Entrepreneurship Theory and Practice, 2009, 33 (3):669－694.

[60] 张玉利,李静薇. 基于实践的学术问题提炼与中国管理模式总结[J]. 管理学报,2012,9(2):179－183.

[61] 朱秀梅,费宇鹏. 关系特征、资源获取与初创企业绩效关系实证研究[J]. 南开管理评论,2010,13(3):125－135.

[62] Bergmann H, Sternberg R. The Changing Face of Entrepreneurship in Germany[J]. Small Business Economics,2007,28 (2－3):205－211.

[63] Hammersley M. The Dilemma of Qualitative Method: Herbert Blumer and the Chicao Tradition [M]. London: Routledge,1989.

[64] Gioia D A, Chittpeddi K. Sensemaking and sensegiving in stragegic change initiation [J]. Strategic Management Journal,1991,12(6):433－448.

[65] Glaser B G. Theoretical sensitivity: advances in the methodology of grounded theory[M]. Mill Valley: Sociology Press,1978.

[66] 陈红敏,赵雷,伍新春. 生活事件对情感和行为的影响:理论比较与启示[J]. 心理科学进展,2014(3):492－501.

[67] Weiss H M, Cropanzano R. Affective events theory: a theoretical discussion of the structure, causes and consequences of affective experiences at work[J]. Research in

Organizational Behavior,1996(18):1—74.

[68] 唐源鸿,卢谢峰,李珂.个人—组织匹配的概念、测量策略及应用:基于互动性与灵活性的反思[J].心理科学进展,2010,18(11):1762—1770.

[69] Edwards J R, Cable D A. The value of value congruence[J]. Journal of Applied Psychology,2009,94(3):654—677.

[70] Greguras G J, Diefendorff J M. Different fits satisfy different needs: linking person-environment fit to employee commitment and performance using self-determination theory[J]. Journal of Applied Psychology,2009,94(2):465—477.

[71] Chatman J A. Matching people and organizations: selection and socialization in public accounting firms[J]. Administrative Science Quarterly,1991,36(3):459—484.

[72] Mcmillan E, Wright T, Beazley K. Impact of a university-level environmental studies class on students'values[J]. Journal of Environmental Education,2004,35(3):19—27.

[73] Rhee M. Does reputation contribute to reducing organization errors? A learning approach [J]. Jounal of Management Studies,2009,46(4):676—703.

[74] Turban D B, Greening D W. Corporate social performance and organizational attractiveness to prospective employees [J]. Academy of Management Journal,1996,40:658—672.

[75] Levering R. Employability, and Trust[EB/OL]. Conference Board meeting, Chieago, 12 September 1996, www. great Placetowork. com. 2007—12—09.

[76] Edwards J R, Cable D M. The value of value congruence[J]. Journal of Applied Psychology,2009,94(3):654—677.

[77] Yang S U. An integrated model for organization-public

relational outcomes, organizational reputation, and their antecedents[J]. Journal of Public Relations Research,2007, 19(2):91－121.

[78] Stern P C, Dietz T, Kalof L. Value orientations,gender and environmental concern[J]. Environment and Behavior,1993, 25(3):322－348.

[79] Billsberry J. Person-organization fit: value congruence in attraction and selection decisions[M]. Germnay: Lambert Academic publishing,2010.

[80] Schneider B,Goldstiein H W,Smith D B. The ASA frame-work: an update[J]. Personnel Psychology, 1995, 48(4): 747－773.

[81] [美]麦科沃.绿色经济策略:新世纪企业的机遇和挑战[M]. 姜冬梅,王彬,译.大连:东北财经大学出版社,2012.

[82] Kreps D M,Wilson R. Reputation and imperfect information [J]. Journal of Economic Theory,1982(27):253 －279.

[83] Mailath G J, Samuelson L. Your reputation is who you're not,not you'd like to be[R]. Caress Working Paper,1998: 13－56.

[84] 李杰,黄培清.基于声誉效应的人才中介机构约束机制[J].上海交通大学学报,2007,41(7):1158－1160,1164.

[85] 宋鸿,程刚.企业社会责任对企业人才吸引力的影响[J].湖北大学学报(哲学社会科学版),2012,39(5):129－132.

[86] Nunnally J C. Psychometric Theory[M]. New York: McGraw-Hill,1978.

[87] 许朗.创业家素质与创业资金的筹措[J].南京社会科学,2004 (09):176.

[88] 林剑.社会网络视角下的创业融资[J].上海金融,2006,28

(07):8—11.

[89] Shane S,Cable D. Network ties,reputation,and the financing of new ventures [J]. Management Science, 2002, 48（3）: 364—381.

[90] 张玉利,杨俊.企业家创业行为调查[J].经济理论管理,2003 (09):61—66.

[91] 徐淑芳.信任、社会资本与经济绩效[J].学习与探索,2005 (05):210—213.

[92] Lin N. Social networks and status attainment [J]. Annual Review of Sociology,1999,25:467—487.

[93] Granovetter M S. The strength of weak tie[J]. American Journal of Sociology,1973,78(6):1360—1380.

[94] Staw B C. Research in organizational behavior:An annual series of analytical essays and critical reviews [C]. Greenwich:JA I Press,Inc,1986.

[95] 楼瑜,程璐.集群企业与银行的关系型融资的实证分析[J].上海金融,2006(08):66—69.

[96] 吴松强,吴琨,郑垂勇.基于人力资源行为的集群企业内部信任机制的博弈分析[J].科学管理研究,2008,26(3):87—90.

[97] 许朗.创业家素质与创业资金的筹措[J].南京社会科学,2004(09):176.

[98] 李明发.论科技型中小企业知识产权质押融资的政策支持[J].江淮论坛,2012(06):115—120.

[99] 知识产权质押融资在探索中成长[EB/OL]. http://www.sipo.gov.cn/mtjj/2011/201109/t20110915_620308.html.

[100] 文豪,汪海粟,陈保国,等.中小企业知识产权质押贷款的业务链分析—基于静态结构与运行机制的视角[J].经济社会体制比较,2011(3):177—183.

[101] Reilly R F, Sehweihs R P. The handbook of business valuation and intellectual property analysis [M]. McGrawHill, 2004.

[102] Paul Flignor, David Orozco. Intangible Asset & Intellectual Property Valuation: A Multidisciplinary Perspective [EB/OL]. http://www. wipo. int/sme/en/doeuments/ip_valuation. htm, May10th, 2009.

[103] 任颖洁. 科技型中小企业知识产权质押融资问题与对策研究——以陕西为例[J]. 科学管理研究, 2012(5): 105, 108.

[104] 刘沛佩. 谁来为知识产权质押融资的"阵痛"买单——兼论知识产权质押融资的多方参与制度构建[J]. 科学学研究, 2011(4): 521—525.

[105] Berger A N, Udell G F. The economics of small business finance: the role of private equity and debt market in the finance growth cycle [J]. Journal of Banking and Finanee, 1998.

[106] 罗正英. 中小企业信贷资源占有能力提升的战略重点[J]. 中国工业经济, 2004(4): 82—87.

[107] 张敬惠. 信息不对称与金融制度供给不足: 中小企业融资的主要障碍[J]. 西南民族大学学报(人文社科版), 2006(1): 51—54.

[108] Thomas Andersson, Glenda Napier. The venter capital market: global trends and issues for Nordic countries[R]. International Organization for Knowledge Economy and Enterprise Development, 2005.

[109] 刘曼红. 风险投资: 创新与金融[M]. 北京: 中国人民大学出版社, 1998.

[110] Patrick Firkin. Entrepreneurial capital: a resource-based

conceptualization of the entrepreneurial process［EB/OL］. http：//Imd. massey. ac. nz/documents/Working Paper No7. pdf.

[111] Becker G. Human Capital（3rd Edition）［M］. Chicago &London：The University of Chicago Press,1993.

[112] 杨俊,张玉利.社会资本、创业机会与创业初期绩效理论模型的构建与相关命题的提出［J］.外国经济与管理,2008 (10):19.

[113] 彭华涛,谢科范.创业企业家资源禀赋的理论探讨[J].软科学,2005(05):12-13.

[114] 杨俊,张玉利.基于企业家资源禀赋的创业行为过程分析[J].外国经济与管理,2004(02):2-6.

[115] 张玉利,张维,陈立新.创业管理理论与实践的新发展[M].北京:清华大学出版社,2004:13.

[116] 仲理峰.心理资本研究述评与展望[J],心理科学进展:2007 (03):482-487.

[117] 刘萍萍.创业企业家人力资本与创业企业绩效的关系[J],预测,2005(5):53-57.

[118] 王海光,刘胜强.社会关系资本与企业家创业——一个嵌入性视角[J].渤海大学学报(哲学社会科学版),2006(02): 107-110.

[119] 孙俊华,陈传明.企业家社会资本与公司绩效关系[C].中国企业持续成长问题学术研讨会暨中国企业管理研究会2007年会论文集.

[120] 赵延东,罗家德.如何测量社会资本——一个经验研究综述[J].国外社会科学,2005(02):18-23.

[121] 杜栋,庞庆华.现代综合评价方法与案例精选[M].北京:清华大学出版社,2005:35.

[122] Hoffman A J. Competitive Environmental Strategy［M］. Washington,DC. Island Press,2000.

[123] Kollman K,Prakash A. Green by choice? —Cross national variations in firms'responses to EMS-based environmental regimes［J］. World Politics,2001（53）:399－430.

[124] 丛建辉,刘呈庆. 漂绿行为研究述评及展望［J］. 北方经贸, 2011(3):24－25.

[125] 李学军,李飞. 漂绿:对企业社会责任的亵渎［J］. 中外企业文化,2010(2):15－17.

[126] Darby M R,Karni E. Free competition and the optimal amount of fraud［J］. The Journal of Law and Economics, 1973,16(1):67－88.

[127] Lyon T P, Maxwell J W. Greenwash:corporate environmental disclosure under threat of audit［R］. Working Paper, Ross School of Business,University of Michigan,2008.

[128] 黄中伟. 对我国企业实施绿色营销的思考［J］. 管理科学文摘,2004(4):36－38.

[129] 杨波. 中国消费品市场中"漂绿"的治理分析:基于信任的视角［J］. 财贸研究,2012(5):33－37.

[130] Kuratko D F, Hodgetts R M. Entrepreneurship: a contemporary approach［M］. Fort Worth:Dryden Press, 1998.

[131] Kao R W Y, Kao K R, Kao R R. Entrepreneurism: a philosophy and a sensible alternative for the market economy［M］. London:Imperial College Press,2002.

[132] Quinn J B. Next big industry:environmental improvement ［J］. Harvard Business Review,1971,47(5):120－131.

[133] Hartman C, Stafford, E. Green alliances: building new

business with environmental groups［J］. Long Range Planning,1997,30(2):184—196.

[134] Dean T, McMullen J. Towards a theory of sustainable entrepreneurship: reducing environmental degradation through entrepreneurial action［J］. Journal of Business Venturing. 2007,22(1):50—76.

[135] York J G, Venkataraman S. The entrepreneur-environment nexus:uncertainty,innovation and allocation［J］. Journal of Business Venturing,2010,25(5):449—463.

[136] Parrish B D. Sustainability-driven entrepreneurship: principles of organization design［J］. Journal of Business Venturing,2010,25(5):510—523.

[137] 李华晶,张玉利.创业研究绿色化趋势探析与可持续创业整合框架构建[J].外国经济与管理,2012,34(9):26—33.

[138] 揭昌亮,李华晶,王秀峰.我国绿色创业问题及发展对策研究[J].科技进步与对策,2011,28(16):79—82.

[139] Fridernan D. Evolutionary games in economics ［J］. Econometrica,1991,59 (3):637—666.

[140] Kuratko D F, Hodgetts R M. Entrepreneurship: a contemporary approach ［M］. Fort Worth: Dryden Press,1998.

[141] Kao R W Y, Kao K R, Kao R R. Entrepreneurism:a philosophy and a sensible alternative for the market economy[M]. London:Imperial College Press,2002.

[142] 高嘉勇,何勇.国外绿色创业研究现状评介[J].外国经济与管理,2011(2):11.

[143] Knight F. Risk, uncertainty and profit ［M］. Chicago, IL: University of Chicago Press,1921.

[144] McMullen J S, Shepherd D A. Entrepreneurial action and the role of uncertainty in the theory of the entrepreneur[J]. Academy of Management Review,2006,31:132－152.

[145] 揭昌亮,李华晶,王秀峰.我国绿色创业问题及发展对策研究 [J].科技进步与对策,2011,28(16):79－82.

[146] Cohen B, Winn M. Market imperfections, opportunity and sustainable entrepreneurship [J]. Journal of Business Venturing,2007,22(1):29－49.

[147] Sarasvathy S. Effectuation: elements of entrepreneurial expertise[M]. Cheltenham:Edward Elgar,2008.

[148] Isaak R. The making of ecopreneur [J]. Greener Management International,2002,38(1):81－91.

[149] 方国华,黄显峰.多目标决策理论、方法及其应用[M].北京: 科学出版社,2011:25.

[150] Sadowski B M. On the innovativeness of foreign affiliates: Evidence from companies in the Netherlands[J]. Research Policy,2006,35(3):447－462.

[151] 袁庆宏,王春艳.核心技术员工的知识占有特征分析——高 科技企业雇佣关系的视角[J].经济管理,2011(5):88－94.

[152] Saxenian A. Regional advantage:culture and competition in Silicon Valley and Route 128 [M]. Cambridge, Mass. : Harvard University Press,1994.

[153] 陈柳,刘志彪.国外科技型员工创业行为研究综述[J].外国 经济与管理,2006(6):19－25.

[154] Johanson J, Mattsson L G. Inter-organizational relations in industrial systems:a network approach compared witht he transaction-cost approach [J] . International Studies of Management and Organization,1987,17 (1):34－48.

[155] [美]约翰·H. 霍兰德. 隐秩序—适应性造就复杂性[M]. 周晓牧等, 译. 上海：上海科技教育出版社, 2000.

[156] Fridernan D. Evolutionary games in economics[J]. Econometrica, 1991, 59(3): 637—666.

[157] 中国 500 个城市中仅 1% 空气质量达标[EB/OL]. http://epaper. nfdaily. cn/html/2013—01/31/content _ 7164402. htm.

[158] Hoffman A J. Competitive environmental strategy[D]. Island Press, Washington, DC, 2000.

[159] York J G, Venkataraman S. The entrepreneur-environment nexus: uncertainty, innovation and allocation[J]. Journal of Business Venturing, 2010, 25(5): 449—463.

[160] Parrish B D. Sustainability-driven entrepreneurship: principles of organization design[J]. Journal of Business Venturing, 2010, 25(5): 510—523.

[161] 徐卫星. 绿色消费认知度偏低[N]. 中国环境报, 2013-2-8.

[162] [英]宾默尔. 博弈论教程[M]. 谢识予等, 译. 上海：格致出版社, 2010.

[163] 宋清. 创业企业孵化机制研究：利益主体协调与激励的视角[M]. 北京：北京理工大学出版社, 2009: 30.

[164] 李志远, 马凤岭. 科技企业孵化器体制与发展模式问题刍议[J]. 中国科技论坛, 2007(11): 59.

[165] 王黎明. 论孵化器的目标、功能与发展制约因素[J]. 经济问题探索, 2005(1): 126.

[166] 宋清. 创业企业孵化机制研究：利益主体协调与激励的视角[M]. 北京：北京理工大学出版社, 2009: 15.

[167] 蔡林. 系统动力学在可持续发展研究中的应用[M]. 北京：中国环境科学出版社, 2008: 22.

[168] 孙晓娟.论我国民间资本创业投资法律制度的完善[J].甘肃政法学院学报,2011(02):104.

[169] 姬兴慧.科技型企业孵化器创业投资模式研究[D].北京:北京邮电大学硕士论文,2010:18.

[170] 崔祥民,杨东涛.生态价值观、政策感知与绿色创业意向关系研究[J].中国科技论坛,2015(6):124-129.

[171] Isaak R. The making of ecopreneur[J]. Greener Management International,2002,38(1):81-91.

[172] Parrish B D. Sustainability-driven entrepreneurship:Principles of organization design[J]. Journal of Business Venturing,2010,25(5):510-523.

[173] 李华晶.制度环境对绿色创业的驱动机理研究[J].软科学,2013,27(9):128.

[174] Miller D. The correlates of entrepreneurship in tree types of firm[J]. Management Science,1983,29(7):770-791.

[175] Schaper M. Making ecopreneurs:developing sustainable entrepreneurship[M]. Aldershot:Ashgate,2010.

[176] OECD. Measuring green entrepreneurship[A]. OECD Entrepreneurship at a Glance,2011.

[177] 侯云龙.光伏企业吃补贴过活难以为继[N].经济参考报,2012-2-9.

[178] Reynolds P D. New firm creation in the United States:as PSED I overview[J]. Foundations and Trends in Entrepreneur-ship,2007,3(1):1-150.

[179] Gartner W B,Shaver K G,Carter N M,et al. Handbook of entrepreneurial dynamics:the process of business creation[M]. Thousand Oaks,CA:Sage, 2004.

[180] Lichtenstein B B,Carter N M,Dooley K J,et al. Complexity

Dynamics of Nascent Entrepreneurship [J]. Journal of Business Venturing,2007,22(2):236－261.

[181] Pia A,Stefan E. Variation in the level of activity across the stages of the entrepreneurial startup process:evidence from 35 countries [J]. Estudios de Economia, 2008, 35 (2): 133－152.

[182] Patel P C,Fiet J O. Systematic search and its relationship to firm founding[J]. Entrepreneurship:Theory and Practice, 2009,33(2):501－526.

[183] Chang E P C,Memili E,Chrisman J J,et al. Family social capital,venture preparedness,and start-up decisions:a study of hispanic entrepreneurs in New England [J]. Family Business Review,2009,22(3):279－292.

[184] 牛芳,张玉利,杨俊. 坚持还是放弃？——基于前景理论的新生创业者承诺升级研究[J]. 南开管理评论,2012,15(1): 131－141.

[185] 宋正刚. 论期望落差与新生创业者放弃创业之关系——基于 CPSED 项目随机抽样调查分析[J]. 现代财经,2012(2): 65－73.

[186] 臧传琴. 从"经济人"假设到"政府失灵"——评公共选择学派的"政府失灵"论[J]. 江汉论坛,2007(2):47.

[187] 刘小川. 论我国对科技型中小企业的财政政策扶持体系[J]. 南京师大学报(社会科学版),2006(6):58－62.

[188] 王惠. 我国政府对中小企业发展的扶持问题探讨[J]. 企业经济,2010(9):130－133.

[189] Fridernan D. Evolutionary games in economics [J]. Econometrica,1991,59(3):637－666.

[190] 人力资源社会保障部,国家统计局. 2008 年度人力资源和社

会保障事业发展统计公告［EB/OL］. http://www. labournews. com. cn/ldbzb/ldbzgz/zhbd/62060. shtml.

[191] 方新. 创业与创新——高技术小企业的发展之路［M］. 北京：中国人民大学出版社，1998：21.

[192] 发改委中小企业司. 2006 年中小企业发展情况和 2007 年工作要点［EB/OL］. http://zxqys. ndrc. gov. cn/zsqyjb/t20070919_160356. htm.

[193] 陈昌智. 上半年我国有 6.7 万家中小企业倒闭［EB/OL］. http://finance. qq. com/a/20081112/001924. htm.

[194] 王黎明. 国外政府对中小企业的扶持政策体系及其启示［J］. 管理现代化. 2003(05)：57.

[195] 张玉利，李新春. 创业管理［M］. 北京：清华大学出版社，2006：16.

[196] "中国企业寿命测算方法及实证研究"课题组. 企业寿命测度的理论和实践［J］，统计研究，2008，25(04)：26.

[197] 钟永光，贾晓著，李旭. 系统动力学［M］. 北京：科学出版社，2009：1.